AF538056

JAN-PHILIPP BERNER
KOCHT
FÜR FAMILIE & FREUNDE

MIT ANTONIA WIEN
FOTOGRAFIE: YDO SOL

südwest

INHALT

LIEBE LESER:INNEN,

eine Zeit zu einer besonderen Zeit zu machen und sie zu nutzen für etwas Gutes – das ist ein wesentlicher Motor meiner täglichen Arbeit.

Und genau dieses tief verankerte Streben ist die Initialzündung für dieses Buch gewesen.

Denn es ist in einer Zeit entstanden, in der deutschlandweit die Bordsteine hochgeklappt waren und Sylt so leer vor einem lag wie nie zuvor – nur das Meer und der Wind waren zu hören. Außer in unserer Küche.

So viel ist nämlich klar, und das gilt es unbedingt festzuhalten: Gerade wenn es besonders herausfordernd wird, zeigt sich, wie Menschen zusammenhalten, sich gegenseitig stärken und vor allem ausgesprochen kreativ werden.

Und genau mit diesem inneren Antrieb ist im April 2020 JPs Kantine entstanden – ein Projekt, das ich mit meinen Auszubildenden wie eine Art Trainingsprogramm gemeinsam angepackt habe und auf das wir sehr stolz sind.

Wir wollten endlich wieder etwas tun. Für uns, für unser Team mit all seinen hoch motivierten jungen Mitarbeitern in der Küche, aber auch für die Menschen auf der Insel. Etwas schaffen und etwas geben – das war der Grundgedanke.

JP (Achtung, es wird englisch ausgesprochen und so wurde ich abgekürzt als Kind genannt) als Namensgeber eines adaptierten Kantinenkonzepts war der Masterplan meiner Auszubildenden und mir, um die geballte Power zu nutzen.

Und so haben wir die Türen unserer Bar im Söl'ring Hof geöffnet und zu einem Außer-Haus-Verkauf umfunktioniert, an dem von Freitag bis Sonntag vollwertige, köstliche und spannende Gerichte angeboten wurden, mit denen wir bei gering gehaltenen Kosten möglichst viele Menschen erreichen wollten. Dabei lagen die Speiseplanung, das Anrichten und auch die Bestellungen in den Händen unserer Auszubildenden, die auf diese Weise unglaublich viel lernen konnten und ganz eigenständig und kreativ arbeiten konnten. Meine Kollegin Bärbel Ring, unsere Sommelière und Restaurantleiterin, und ich waren nur Coaches. Haben justiert, wenn es nötig war, aber eben auch den Raum zur Entwicklung gelassen.

Es hat funktioniert – und wie es funktioniert hat. Die Dankbarkeit der Menschen, in dieser schwierigen Zeit mit geschlossenen Betrieben doch etwas zu haben, das sie sinnlich berührt, ihnen Arbeit abnimmt (nicht kochen müssen) und kostengünstig ist, war an jedem Verkaufstag spürbar.

P's Kantine
SÖLRING HOF

Und vielleicht hat der eine oder andere auch überrascht festgestellt, dass ein Sternekoch mit seinem Team auch ganz handfest unterwegs ist. Dass es auch für uns, die wir uns jeden Tag mit filigraner Küchenkunst beschäftigen dürfen, gern ganz bodenständig zugehen darf, solange Qualität und Handwerk stimmen.

Und deshalb sind in dieser Zeit so herrliche Klassiker wie Grüner Bohneneintopf mit Kassler oder Gefüllte Spitzpaprika entstanden. Oder Marlenes Bärchentorte (der Top-Favorit meiner ältesten Tochter). Oder Zwiebelkuchen. Oder ...

Jede Menge sinnlicher Stoff kam da zusammen in unseren langen Brainstormings. Das war ein spannender, lebendiger Prozess, in dem wir uns alle sehr gut kennengelernt haben. Jeder hat seine Lieblingsrezepte beigesteuert und dabei auch Persönliches verraten. Und plötzlich habe ich auch zu Hause mehr gekocht, weil ich wieder Zeit hatte und ich mich durch die Beiträge der Auszubildenden inspiriert gefühlt habe.

UND WARUM NUN EIN KOCHBUCH?

Die Idee entstand fast ein Jahr später, im zweiten großen Lockdown – im Winter, als Sylt unter einer tiefen Schneedecke versank und ich mich in dieser Zeit intensiv mit der Arbeit an meinem ersten Sylt-Kochbuch beschäftigte. Das Kochbuch-Team mit Fotograf Ydo Sol und meiner Co-Autorin Antonia Wien hatte sich mit mir in unserer Bar eingerichtet und nach einem langen Arbeitstag kamen Gerichte aus JPs Kantine auf den Tisch. Und damit auch ganz unweigerlich die Idee, doch gleich ein zweites Buch zu produzieren.

Et voilà – das ist es. Ein Buch, mit dem man sich durch das ganze Jahr kochen kann, durch die verschiedenen Anlässe in einem Jahr. Und gleichzeitig Ideen für den Tag findet, vom Frühstück bis zum besonderen Abendessen mit Freunden und der Familie.

Und es ist nicht nur ein Kochbuch, sondern auch eine Erinnerung an eine verrückte Zeit, an eine produktive Zeit und ein großartiges Gefühl von Zusammenhalt.

Ich bin dankbar für diese Erfahrungen, dankbar für den Austausch mit tollen jungen Menschen und ich freue mich sehr, mit diesem Buch etwas davon bewahrt zu haben. Ich wünsche Ihnen viel Freude, Spaß beim Nachkochen und vor allem Genuss – mit Freunden, der Familie oder einfach nur mit sich.

Guten Appetit und alles Liebe, Ihr Jan-Philipp Berner

FRÜHSTÜCK

IM NORDEN SAGT MAN MOIN

Das Frühstück – heißt es – sei die wichtigste Mahlzeit des Tages. Als Verfechter des abendlichen Menüs wage ich das zu bezweifeln. Aber ohne Frühstück ist ein Tag unvollständig und ohne die Energie, die ein ausgewogenes, genussreiches Frühstück mit sich bringt, sollte man eigentlich nicht loslegen.

Ich habe diesbezüglich viel gelernt, gerade in den letzten Monaten. Denn wie viele meiner Kollegen bin ich jeden Tag ohne ein Frühstück in den Tag gestartet, um dann am frühen Nachmittag im Stehen ein Stück Brot oder Kuchen zu essen. Denn genau das war es lange für mich – ein schnelles, gehetztes Essen. Da musste dann erst meine Osteopathin kommen, die mir ganz gehörig den Kopf gewaschen hat: »JP – das ist so, als würde man mit einem Rennwagen ohne Tankfüllung gewinnen wollen.« Ich habe den Satz nicht mehr vergessen und meinen Blick aufs Frühstück inzwischen geändert.

Heute starte ich mit Müsli – gebe meinem Körper einfach gutes Futter, um mit Energie durch den Tag zu kommen.

Und sonst? Für mich gehört auf einen schön gedeckten Frühstückstisch auf jeden Fall eine weiche Brioche. Da pfeife ich genauso auf die Kalorien wie bei einer hausgemachten guten Konfitüre oder Nuss-Nougat-Creme, die aus der eigenen Küche kommt. Ich bin kein Freund davon, alles zu reglementieren. Deshalb: Genuss muss ohne Kalorienzählen auskommen, damit es sinnlich bleibt. Wie immer geht es um das Maß.

Und als eingemeindeter Sylter geht natürlich nichts über ein Krabbenbrötchen und Matjessalat. Und dazu frisch gebrühter Kaffee. Ich würde sagen: So darf der Tag gern beginnen!

Wir haben uns immer gefragt, wie wir unser Frühstück weiter verfeinern können, und haben dafür sehr viel ausprobiert. So haben wir zum Beispiel 20 verschiedene Brioche-Rezepte getestet und schließlich dieses hier zum Gewinner gekürt. Und auch bei der Marmelade haben wir viel probiert. Vor allem wollten wir so viel Zucker wie möglich rausnehmen, stattdessen lieber mit Pektin arbeiten, damit die Frucht im Vordergrund steht und nicht der Zucker. Dazu haben wir ein zweites Aroma kombiniert, damit die Marmelade an Spannung gewinnt. Eine einfache Erdbeermarmelade ist natürlich sehr lecker, aber wie wäre es, wenn man sie mit Rhabarber oder Holunder kombiniert oder Fichtensprossen? Oder wie hier mit Cranberry und Gewürzen in der Vorweihnachtszeit. Einfach köstlich!

BRIOCHE

FÜR DEN VORTEIG

- 40 g Zucker
- 75 ml lauwarme Milch
- 42 g Hefe
- 100 g Weizenmehl, Type 405

FÜR DEN HAUPTTEIG

- 10 g Salz
- 10 ml brauner Rum
- 1 Ei
- 4 Eigelb
- 400 g Weizenmehl, Type 405 + etwas mehr für die Backform und zur Bearbeitung
- 90 ml Milch
- 160 g weiche Butter + etwas mehr für die Backform

ZUM BESTREICHEN

- 1 Eigelb
- 25 ml Milch

VORTEIG

- Den Zucker in lauwarmer Milch auflösen und die Hefe hineinbröseln. Mit dem gesiebten Mehl verrühren und in einer Schüssel mit einem Tuch abgedeckt an einem warmen Ort circa 15 Minuten gehen lassen.

HAUPTTEIG

- Salz, Rum, das Ei und die Eigelbe in den Vorteig geben. Das Mehl sieben und mit der Milch ebenfalls in die Schüssel geben. Den Teig kneten und die Butter stückweise dazugeben, danach für 5–7 Minuten weiterkneten, bis er eine homogene Konsistenz aufweist.

- Eine Kastenform buttern und leicht mehlieren.

- Danach die Hände leicht mehlieren und den Teig in drei gleich große Bällchen abdrehen und in die Kastenform setzen.

- Den Teig an einem warmen Ort abgedeckt gehen lassen, bis er sein Volumen nahezu verdoppelt hat. Dies dauert circa 30 Minuten.

- Den Backofen auf 180 °C (Umluft) vorheizen.

- In einer Schüssel Eigelb und Milch verquirlen.

- Wenn der Teig aufgegangen ist, mit der Eigelb-Milch-Mischung bestreichen und im Ofen bei 180 °C (Umluft) 30 Minuten backen.

ALLERGENE: WEIZEN, EI, LAKTOSE | VEGETARISCH | FÜR 4 PERSONEN

VORBEREITUNGSZEIT: 20 MINUTEN | ZUBEREITUNGSZEIT: 30 MINUTEN | RUHEZEIT: 45 MINUTEN

CRANBERRYKONFITÜRE

ZUTATEN

- 200 g Zucker
- 1 kg Cranberrys
- 200 ml Wasser
- 1 Vanilleschote
- 1 Zimtstange
- 2 Sternanis
- 10 g Pektin

ZUBEREITUNG

- 100 Gramm Zucker mit 1 Spritzer Wasser zusammen erhitzen, bis ein helles Karamell entsteht. Die Cranberrys dazugeben, mit Wasser aufgießen und das Mark der Vanilleschote, Zimtstange und Sternanis hinzufügen. Die Masse 5 Minuten leicht köcheln lassen.

- Wenn die Beeren weich gekocht sind, die Zimtstange und Sternanis herausnehmen.

- Den restlichen Zucker mit dem Pektin vermischen, da sich das Pektin in dieser Kombination besser auflösen kann und keine Klumpen entstehen.

- Die Cranberrymasse erneut aufkochen und das Zucker-Pektin-Gemisch unter ständigem Rühren hineingeben und 3 Minuten köcheln lassen.

- Die Konfitüre heiß in Einmachgläser umfüllen, verschließen und abkühlen lassen.

ALLERGENE: KEINE | VEGAN | FÜR 15 PERSONEN

ZUBEREITUNGSZEIT: 30 MINUTEN

ORANGENMARMELADE

ZUTATEN

- 3 Bio-Orangen à 200 g
- ca. 1,4 l Wasser
- 165 g Zucker
- 1 Zimtstange
- 2 Sternanis
- 9 g Pektin

ZUBEREITUNG

- Die Orangen halbieren, den Saft auspressen und aufbewahren. Den Orangensaft mit Wasser auf 0,5 Liter strecken. Die Orangenschalen in 1 Liter kochendes Wasser geben und darin 15 Minuten weich garen.
- Das restliche Fruchtfleisch mit einem Löffel aus der Schale herauskratzen. Die Schalen in feine Würfel schneiden.
- 100 Gramm Zucker mit 1 Spritzer Wasser erhitzen, bis er karamellisiert. Die Gewürze und die Orangenwürfel hineingeben und mit dem Orangensaft ablöschen.
- Den restlichen Zucker mit Pektin vermischen, da das Pektin sich in dieser Kombination besser auflösen kann und keine Klumpen entstehen.
- Die fertige Masse abermals aufkochen und unter ständigem Rühren die Zucker-Pektin-Mischung hinzufügen.
- Die Marmelade 3 Minuten köcheln lassen.
- Die heiße Marmelade in Gläser füllen und auskühlen lassen. Die Gewürze bleiben in der Marmelade und müssen nicht herausgenommen werden.

ALLERGENE: KEINE | VEGAN | FÜR 15 PERSONEN
VORBEREITUNGSZEIT: 60 MINUTEN

HIMBEER-RHABARBER-KONFITÜRE

ZUTATEN

- 175 g Zucker
- 250 ml Wasser
- 350 g Himbeerpüree
- 150 g Rhabarberpüree
- ½ Vanilleschote
- 6 g Pektin

ZUBEREITUNG

- 125 Gramm Zucker mit 1 Spritzer Wasser erhitzen, bis ein Karamell entsteht. Das Himbeerpüree, das Rhabarberpüree und das Mark der Vanilleschote hinzugeben und mit Wasser auffüllen.

- Den restlichen Zucker mit dem Pektin vermischen, da sich das Pektin in dieser Kombination besser auflösen kann und keine Klumpen entstehen.

- Die Masse aufkochen und das Zucker-Pektin-Gemisch unter ständigem Rühren einarbeiten.

- Die Konfitüre 3 Minuten köcheln lassen. Anschließend in Marmeladengläser füllen und abkühlen lassen.

ALLERGENE: KEINE | VEGAN | FÜR 15 PERSONEN

ZUBEREITUNGSZEIT: 30 MINUTEN

NUSS-NOUGAT-CREME

Nuss-Nougat: Das ist ja inzwischen schon ein Kultprodukt auf deutschen Frühstückstischen. Aber die Zutaten der gängigen Hersteller passen auf keinen Fall zur Philosophie unseres Hauses und meiner Vorstellung eines gesunden, nachhaltig produzierten Lebensmittels. Daher haben wir uns viele Gedanken gemacht, wie wir diesen Klassiker auf unsere Weise herstellen können. Mit viel, viel besseren Zutaten und trotzdem diesem Genussgefühl.

ZUTATEN

- 150 g Puderzucker
- 30 g Vanillezucker
- 30 ml Wasser
- 230 g Haselnussmark
- 1 Prise Salz
- 40 g Kakaopulver
- 40 g dunkle Schokolade (70 % Kakaogehalt)
- 2 EL Haselnussöl

ZUBEREITUNG

- Puderzucker und Vanillezucker mit Wasser aufkochen, bis das Wasser verdunstet ist und der Zucker sich aufgelöst hat.
- Das Haselnussmark hinzugeben, erhitzen, jedoch nicht aufkochen.
- Anschließend Salz und den Kakao unterrühren. Die Schokolade hineingeben und schmelzen lassen. Den Topf dabei von der Herdplatte nehmen, damit die Schokolade nicht zu heiß wird.
- Zum Schluss das Öl in die Masse emulgieren.
- Die Masse in ein Gefäß füllen und auskühlen lassen. Die Nuss-Nougat-Creme ist gekühlt streichfähig.

ALLERGENE: HASELNUSS | VEGAN | FÜR 15 PERSONEN

VORBEREITUNGSZEIT: 20 MINUTEN

GRANOLA
MANGO-INGWER-KOMPOTT

GRANOLA

- 80 g blanchierte Mandeln
- 200 g Haferflocken
- 3 EL Honig
- 5 EL Ahornsirup
- 5 EL Rapsöl
- 3 EL Agavendicksaft
- 7 g Zimt
- 50 g getrocknete Äpfel
- 50 g Rosinen

MANGO-INGWER-KOMPOTT

- 1 Mango
- 25 g Ingwer
- 200 ml Wasser
- 2 EL Zucker

GRANOLA

- Die Mandeln mit einem Messer klein hacken.
- Die Haferflocken und die Mandeln in eine große Schüssel geben. Honig, Ahornsirup, Rapsöl, Agavendicksaft und Zimt in die Schüssel geben und alles mit einem Löffel vermengen. Die Masse auf einem mit Backpapier ausgelegten Backblech gleichmäßig verteilen und im vorgeheizten Backofen bei 170 °C 18 Minuten lang karamellisieren lassen.
- Währenddessen die getrockneten Äpfel in feine Würfel schneiden.
- Sobald das Granola aus dem Ofen kommt, mit einem Löffel durchrühren und auskühlen lassen. Anschließend die Äpfel und Rosinen unterheben.

MANGO-INGWER-KOMPOTT

- Mango und Ingwer schälen. Die Mango in feine Würfel schneiden. Den Ingwer fein reiben, danach vorsichtig durch ein feines Sieb drücken, den Ingwersaft auffangen und mit dem Wasser vermischen. Anschließend den Zucker in einen Topf geben und mit einem Schuss der Wasser-Ingwer-Mischung angießen und langsam karamellisieren lassen. Wenn der Zucker eine leicht bräunliche Farbe bekommen hat, die Mangowürfel unterheben. Dann mit der restlichen Flüssigkeit auffüllen und unter ständigem Rühren einkochen. Wenn die gewünschte Konsistenz erreicht ist, das Kompott in eine Schüssel füllen und im Kühlschrank auskühlen lassen.

ALLERGENE: WEIZEN, MANDELN | VEGETARISCH |FÜR 6 PERSONEN

VORBEREITUNGSZEIT: 40 MINUTEN | ZUBEREITUNGSZEIT: 30 MINUTEN

MARINIERTE NORDSEE-KRABBEN

KRÄUTERSAUCE, RÖMERSALAT

KRABBEN

- 400 g Nordseekrabben
- Saft von ½ Zitrone
- Meersalz
- frisch gemahlener weißer Pfeffer
- 1 EL Traubenkernöl

KRÄUTERSAUCE

- 1 Eigelb
- 1 TL Senf
- 1 EL Traubenessig
- 120 ml Traubenkernöl
- Meersalz
- frisch gemahlener weißer Pfeffer
- 1 Schuss Tabasco
- 6 Zweige Dill
- 6 Zweige glatte Petersilie
- 70 g Crème fraîche

SALAT

- 2 Köpfe Römersalat
- 1 Chicorée
- etwas Traubenkernöl

KRABBEN

- Die Krabben mit Zitronensaft, Salz, Pfeffer und Traubenkernöl marinieren.

KRÄUTERSAUCE

- Das Eigelb mit Senf und Essig vermengen und unter ständigem Rühren mit dem Schneebesen das Traubenkernöl einfließen und emulgieren lassen, bis die Masse eine cremige Konsistenz aufweist. Mit Salz, Pfeffer und einem Schuss Tabasco abschmecken.

- Dill und Petersilie fein schneiden. Zum Schluss Crème fraîche und die Kräuter unter die Kräutersauce heben.

SALAT

- Den Römersalat vom Strunk befreien und in feine Streifen schneiden.

- Kleine Blätter vom Chicorée mit Traubenkernöl marinieren.

ALLERGENE: KRUSTENTIER, EI, LAKTOSE | VEGETARISCH | FÜR 4 PERSONEN

VORBEREITUNGSZEIT: 30 MINUTEN

MATJESSALAT
APFEL, GURKE, SCHMAND

MATJES

- 250 g Matjes

SCHMANDCREME

- ⅓ Salatgurke
- Meersalz
- ½ Zwiebel
- 1 Apfel (Braeburn)
- Saft und Abrieb von ½ Zitrone
- 6 Zweige Dill
- 80 g Schmand
- frisch gemahlener weißer Pfeffer

MATJES

- Den Matjes in circa 0,5 Zentimeter große Würfel schneiden.

SCHMANDCREME

- Die Gurke schälen, halbieren und das Kerngehäuse entfernen, dann in feine Würfel schneiden. Danach die Gurkenwürfel leicht salzen – es bildet sich Wasser, das später abgegossen wird, sodass die Creme nicht wässrig wird.

- Die Zwiebel in feine Würfel schneiden und in kochendem Wasser für 2 Minuten blanchieren, um die Zwiebelschärfe verschwinden zu lassen, danach abseihen.

- Den Apfel halbieren, das Kerngehäuse entfernen und das Fruchtfleisch in feine Würfel schneiden. Die Apfelwürfel mit dem Zitronensaft vermengen, damit sie nicht braun anlaufen.

- Den Dill fein hacken.

- Die Würfel von Gurke, Apfel und Zwiebel unter den Schmand heben und den Dill hinzufügen.

- Mit Salz, Pfeffer und mit dem Zitronenabrieb abschmecken.

ALLERGENE: FISCH, MILCHERZEUGNISSE | PESCETARIER | FÜR 4 PERSONEN
VORBEREITUNGSZEIT: 40 MINUTEN

NORWEGISCHER LACHS
AVOCADO, GRAPEFRUIT, TERIYAKI, RÖSTBROT

Normalerweise nutzen wir im Restaurant nie Würzsaucen. Wir versuchen stattdessen, den gesamten Geschmack durch bestimmte Kochtechniken aus einem Huhn zu ziehen, sodass weitere Würzungen unnötig sind. Dies braucht aber Zeit. Zu Hause sind »Hilfsmittel« aber vollkommen in Ordnung, wenn die Qualität stimmt. Daher empfehle ich hier eben auch eine gute Teriyaki- oder Sojasauce, die unkompliziert einen intensiven, guten Geschmack erzeugt.

LACHS

- 300 g frisches Lachsfilet ohne Haut
- 1 Grapefruit
- ½ TL Sojasauce
- 1 TL Teriyakisauce
- Salz
- frisch gemahlener weißer Pfeffer
- 7 Stängel frischer Koriander
- ½ milde Chilischote
- 1 EL Olivenöl

LACHS

- Den Tran vom Lachs abschneiden und danach das Filet in circa 0,5 Zentimeter große Würfel schneiden.
- Die Grapefruit mit dem Messer schälen und die Filets herauslösen. Den Rest der Grapefruit über dem Lachs auspressen und darin marinieren. Die Sojasauce und die Teriyakisauce hinzufügen. Anschließend mit Salz und Pfeffer abschmecken.
- Die Korianderblätter abzupfen und in feine Streifen schneiden.
- Von der Chilischote das Kerngehäuse entfernen und die Chili in feine Würfel schneiden.
- Koriander, Chiliwürfel und 1 EL Olivenöl zum Lachs hinzugeben und vermengen.

Auf der nächsten Seite geht es weiter

ALLERGENE: WEIZEN, FISCH, MILCHERZEUGNISSE, SOJA | PESCETARIER | FÜR 4 PERSONEN

VORBEREITUNGSZEIT: 40 MINUTEN

AVOCADO

- 1 Avocado
- 1 EL Olivenöl
- Saft und Abrieb von 1 Limette
- Salz
- frisch gemahlener weißer Pfeffer

BROT

- 4 Scheiben Graubrot
- 50 g Butter

ANRICHTEN

- 60 g Frischkäse
- Fleur de Sel
- frisch gemahlener weißer Pfeffer
- ein paar frische Korianderblättchen

AVOCADO

- Die Avocado entkernen, schälen und mit einer Gabel leicht zerdrücken.

- Mit 1 EL Olivenöl, dem Abrieb von 1 Limette, dem Saft von ¼ Limette, Salz und Pfeffer abschmecken.

BROT

- Die 4 Scheiben Brot in einer Pfanne mit Butter anbraten. Zum Entfetten auf Küchenpapier legen und zum Anrichten bereithalten.

ANRICHTEN

- Die Brote mit Frischkäse bestreichen und den Avocadostampf darauf verteilen. Die Lachswürfel daraufsetzen und die Grapefruitfilets obenauf arrangieren. Mit Fleur de Sel und Pfeffer würzen und mit frischen Korianderblättern dekorieren.

GERÄUCHERTER LACHS
POCHIERTES EI, NUSSBUTTER, MEERRETTICH

NUSSBUTTER-MEERRETTICH-CREME

- 25 g Butter
- 4 g frischer Meerrettich
- 60 g Doppelrahm-Frischkäse
- 20 g Schmand
- Meersalz
- frisch gemahlener weißer Pfeffer
- Abrieb von ½ Zitrone

POCHIERTE EIER

- 2 Bio-Eier
- 1 l Wasser
- 50 ml Weißweinessig

ANRICHTEN

- 2 Scheiben Weißbrot
- 1 Frühlingszwiebel
- 80 g gebeizter und geräucherter Lachs

NUSSBUTTER-MEERRETTICH-CREME

- Die Butter in einem kleinen Topf erhitzen, bis sie goldbraun geröstet ist.

- Den Meerrettich in eine Schüssel reiben, Doppelrahm-Frischkäse, Schmand und die braune Butter dazugeben. Mit Salz, weißem Pfeffer und Zitronenabrieb abschmecken.

POCHIERTE EIER

- Die Eier aufschlagen und in eine kleine Schüssel geben. Hierbei darauf achten, dass das Eigelb ganz bleibt. Das Wasser in einem mittleren Topf mit dem Essig zum Kochen bringen. Dann den Topf vom Herd nehmen und mit einem Schneebesen das Wasser rühren, sodass ein Strudel entsteht.

- Die Eier aus der Schüssel in den Strudel hineinlaufen lassen und für 5 Minuten pochieren. Mit einem Löffel herausnehmen und zum Abtropfen vorsichtig auf ein Papiertuch legen. Das Eiweiß sollte gestockt und das Eigelb innen cremig sein.

ANRICHTEN

- Während das Ei gart, das Weißbrot im Toaster goldbraun toasten.

- Die Frühlingszwiebel schräg in längliche Ringe schneiden.

- Die Toastbrotscheiben mit der Nussbutter-Meerrettich-Creme bestreichen und den Lachs darauf drapieren, in der Mitte jeweils etwas Platz lassen für das pochierte Ei.

- Die Frühlingszwiebelringe über das Brot streuen.

ALLERGENE: WEIZEN, EI, FISCH, MILCHERZEUGNISSE | PESCETARIER | FÜR 2 PERSONEN

VORBEREITUNGSZEIT: 30 MINUTEN

MITTAGESSEN

MOHLTIED – VON LEICHT BIS ZÜNFTIG

So ein richtig anständiges Mittagessen – das ist doch etwas Feines und für viele Menschen, vor allem Familien mit Kindern, die zentrale Pause am Tag. Aber auch am Sonntag oder bei Familientreffen hat das Mittagessen immer noch eine zentrale Funktion. Es wird zelebriert und oft gibt es etwas zu essen, das nicht alltäglich, aber gut zuzubereiten ist. Nicht umsonst gibt es den Sonntagsbraten immer noch und ich finde diese Tradition sehr schön. Unsere Rezepte eignen sich hervorragend für diesen Anlass: Mittagessen mit den Liebsten – easy, aber besonders und mit unseren Speisen ganz bestimmt ein Erfolg bei der nächsten Familienzusammenkunft.

BLUMENKOHL
SAUERRAHM, KARTOFFEL, EI

Hiermit kann man typische Fleischesser überzeugen, wie toll Gemüse schmecken kann. Dieses Gericht strotzt vor Umami, vor Geschmack, vor Komplexität. Fisch oder Fleisch braucht man gar nicht. Es ist gesund, es eignet sich gut für ein Essen mit Menschen, deren Essgewohnheiten man vielleicht noch nicht kennt, denn damit macht man einfach nichts verkehrt.

ZUTATEN

- Meersalz
- 1 Blumenkohl
- 1 kg kleine junge Kartoffeln
- 4 Eier
- 200 g Butter
- 50 g Semmelbrösel (Panko)
- frisch gemahlener weißer Pfeffer
- etwas Muskatnuss
- 1 Bund Schnittlauch

ANRICHTEN

- 200 g Sauerrahm

ZUBEREITUNG

- Einen großen Topf mit Salzwasser zum Kochen bringen. Die Blätter und den Strunk vorsichtig vom Blumenkohl abtrennen, dabei darauf achten, dass er ganz bleibt. Den Blumenkohl in das kochende Wasser geben und je nach Größe in circa 15 Minuten mit Deckel gar kochen.

- Die Kartoffeln waschen und mit Schale in einem Topf mit Salzwasser kalt aufstellen, gar kochen und auskühlen lassen.

- Die Eier für 11 Minuten kochen, kurz abschrecken und dann pellen. Eigelb und Eiweiß separat klein hacken.

- Die Hälfte der Butter in einer Pfanne aufschäumen und darin die Semmelbrösel goldbraun rösten. Auf ein Küchenpapier geben, das das Fett aufsaugt. Die ausgekühlten Kartoffeln pellen.

- Die restliche Butter in einer Pfanne aufschäumen, den Blumenkohl in die Pfanne setzen und mit einem Löffel die Butter immer wieder über den Blumenkohl gießen, sodass er goldbraun wird. Mit Salz, Pfeffer und Muskatnuss würzen

- Den Schnittlauch in feine Röllchen schneiden.

ANRICHTEN

- Den Sauerrahm in einer Auflaufschale verstreichen und den Blumenkohl mittig darauf platzieren. Die Kartoffeln, das gehackte Eiweiß und Eigelb, den Schnittlauch und die Semmelbrösel dazugeben.

ALLERGENE: WEIZEN, EIER, MILCHERZEUGNIS | VEGETARISCH | FÜR 4 PERSONEN

VORBEREITUNGSZEIT: 25 MINUTEN | ZUBEREITUNGSZEIT: 90 MINUTEN

KÜRBISRAVIOLI
INGWER, PORTULAK

RAVIOLITEIG
- 400 g Weizenmehl, Type 405
- 3 Eier
- 40 ml Milch
- 40 ml Traubenkernöl
- Meersalz
- 1 Eigelb zum Bestreichen

HOKKAIDO-FÜLLUNG
- 1,4 kg Hokkaido-Kürbis (circa 1 Stück)
- ½ Zwiebel
- etwas Olivenöl
- Meersalz
- 5 Zweige Thymian
- 80 g Kürbiskerne
- 5 Zweige Petersilie
- 2 EL Crème fraîche
- 1 TL geriebener Ingwer
- frisch gemahlener weißer Pfeffer

RAVIOLI FÜLLEN
- etwas Mehl
- 1 Eigelb

RAVIOLITEIG
- Alle Zutaten miteinander verkneten, bis ein homogener Teig entsteht. Den Teig abgedeckt 1 Stunde im Kühlschrank ruhen lassen.

HOKKAIDO-FÜLLUNG
- Den Kürbis halbieren, entkernen und in Spalten schneiden. Die Spalten auf einem Blech mit einer gewürfelten halben Zwiebel verteilen und mit etwas Olivenöl, Meersalz und Thymianzweigen marinieren. Im vorgeheizten Backofen bei 180 °C (Umluft) 30 Minuten backen. Danach die Kürbiskerne auf einem Blech bei 160 °C (Umluft) 10 Minuten lang im Ofen rösten. Petersilie und die fertig gerösteten Kürbiskerne fein hacken.

- Die gerösteten Kürbiskerne, die gehackte Petersilie, Crème fraîche, geriebenen Ingwer und die Hälfte der Kürbisspalten ohne Schale verrühren und mit Salz und Pfeffer abschmecken. Die Masse in einen Spritzbeutel füllen. Die anderen Kürbisspalten beiseitestellen.

RAVIOLI FÜLLEN
- Den Nudelteig hauchdünn mit einem Nudelholz ausrollen (alternativ mit einer Nudelmaschine). Den Teig auf eine mehlierte Arbeitsfläche legen und mit Eigelb bepinseln. In regelmäßigen Abständen die Kürbisfüllung aufdressieren. Eine zweite Teigschicht darüberlegen und mit einem Ausstecher von 6 Zentimeter Durchmesser ausstechen. Mit einem kleineren Ausstecher von 4 Zentimeter Durchmesser die Füllung in der Mitte andrücken. Die Ravioli auf ein mehliertes Blech legen. Die restliche Füllung warm halten und später zum Anrichten verwenden.

Auf der nächsten Seite geht es weiter

ALLERGENE: WEIZEN, EI, MILCHERZEUGNIS | VEGETARISCH | FÜR 4 PERSONEN

VORBEREITUNGSZEIT: 1 STUNDE | RUHEZEIT: 1 STUNDE | ZUBEREITUNGSZEIT: 1 STUNDE UND 30 MINUTEN

EINGELEGTER INGWER

- 250 ml Wasser
- 80 ml Weißweinessig
- 60 g Zucker
- 10 g Salz
- 2 Lorbeerblätter
- 50 g Ingwer

GERÖSTETE KÜRBISSAUCE

- 200 g Schalotten
- 300 g Champignons
- 150 g Kürbiskerne
- 3 EL Kürbiskernöl
- 1 Scheibe Pumpernickel
- 150 ml Noilly Prat
- 3 Zweige Thymian
- 400 ml Gemüsebrühe
- 2 EL Ingwersud von dem eingelegten Ingwer (siehe Teilrezept)
- 1 EL Weißweinessig
- Meersalz
- frisch gemahlener weißer Pfeffer

RAVIOLI FERTIGSTELLEN

- Salz
- Wasser + 1 EL zum Glasieren
- 1 EL Butter

ANRICHTEN

- 1 Handvoll Portulak

EINGELEGTER INGWER

- Wasser und Wein mit Zucker, Salz, Lorbeerblättern und Essig aufkochen.

- Den Ingwer schälen in dünne Scheiben schneiden, mit dem heißen Sud übergießen und abkühlen lassen.

GERÖSTETE KÜRBISSAUCE

- Die Schalotten, Champignons und Kürbiskerne im Kürbiskernöl farblos anschwitzen. Eine Scheibe Pumpernickel hineinbröseln. Mit Noilly Prat ablöschen, Thymian hinzugeben und mit Gemüsebrühe aufgießen. Einmal aufkochen lassen und dann 15 Minuten ziehen lassen. Den Sud durch ein Sieb geben, aber nicht mit einer Kelle andrücken, da sonst Stärke vom Pumpernickel austritt. Den Sud einreduzieren lassen, bis sich der Geschmack intensiviert hat. Zum Schluss mit Ingwersud, Weißweinessig, Salz, Pfeffer und Kürbiskernöl abschmecken.

RAVIOLI FERTIGSTELLEN

- Gesalzenes Wasser in einem Topf zum Kochen bringen, darin die Ravioli bissfest garen. In einer Pfanne 1 Löffel Butter und 1 Schuss Wasser erhitzen und darin die Ravioli glasieren.

ANRICHTEN

- Die warme Kürbisfüllung in eine Form füllen, darauf die Ravioli verteilen. Ebenso die Kürbisspalten, den eingelegten Ingwer und die Kürbiskerne darauf verteilen. Mit dem Portulak ausgarnieren. Zum Schluss die Sauce darauf verteilen.

RISI-BISI

KAROTTE, ERBSE, MORCHEL

Ein Risotto ist das perfekte Gericht für zu Hause. Es geht relativ schnell, circa 20 Minuten, man kann es saisonal fantastisch abwandeln und ergibt keinen Unterschied, ob ich es für 2 oder 20 Personen koche. Daher eignet es sich einfach sehr gut für den heimischen Herd, an dem man nicht immer viele helfende Hände hat.

RISOTTO

- 2 Gemüsezwiebeln
- 2 EL Butter
- 500 g Risottoreis
- 50 g Weißwein
- 1,2 l Gemüsebrühe
- Meersalz
- frisch gemahlener weißer Pfeffer
- Muskatnuss
- 200 g Parmesan
- ½ Topf Petersilie

RISOTTO

- Die Gemüsezwiebeln in feine Würfel schneiden und in Butter glasig anschwitzen. Anschließend den Risottoreis dazugeben und ebenfalls mit anschwitzen. Mit Weißwein ablöschen und mit 200 Milliliter Gemüsebrühe auffüllen. Mit Salz, Pfeffer und Muskatnuss leicht würzen. Sobald die Flüssigkeit verdunstet ist, wieder mit Brühe auffüllen. Diesen Vorgang so lange wiederholen, bis der Reis gar ist.

- Die Hitze reduzieren. Den geriebenen Parmesan unterheben, nochmals abschmecken und zum Schluss die gehackte Petersilie dazugeben.

- Mit einem Sparschäler Streifen vom Parmesan abhobeln und beiseitestellen.

Auf der nächsten Seite geht es weiter ↘

ALLERGENE: MILCHERZEUGNIS, LUPINE | VEGETARISCH | FÜR 4 PERSONEN

VORBEREITUNGSZEIT: 45 MINUTEN | ZUBEREITUNGSZEIT: 30 MINUTEN

GEMÜSE

- 200 g Zuckerschoten
- 4 Karotten
- 450 g Erbsen
- Meersalz
- 50 ml Sherry
- 50 ml Madeira
- 2 Schalotten
- ½ Topf Schnittlauch
- 2 EL Butter + etwas mehr für das Schwenken in der Pfanne
- 450 g frische Morcheln

ANRICHTEN

- ein paar Stängel Petersilie

GEMÜSE

- Die Zuckerschoten schräg halbieren, die Karotten schälen und rautenförmig zuschneiden.
- Die Erbsen in gesalzenem Wasser blanchieren und in Eiswasser abschrecken. Genauso mit den Zuckerschoten und Karotten verfahren.
- Sherry und Madeira in einen kleinen Topf geben und so lange einkochen lassen, bis eine sirupartige Konsistenz entsteht.
- Die Schalotten in feine Würfel schneiden, den Schnittlauch in feine Röllchen. Die Schalotten in Butter anschwitzen, die Morcheln hinzugeben und kurz mit anschwitzen. Anschließend die Reduktion aus Sherry und Madeira zu den Morcheln geben und den fein geschnittenen Schnittlauch unterheben.

ANRICHTEN

- Das gesamte blanchierte Gemüse in einer gebutterten Pfanne schwenken und über dem Risotto anrichten. Mit gehackter Petersilie bestreuen.

HINWEIS

- Um ein Risotto vorzubereiten, kann der Garprozess unterbrochen werden. Nach zwei Dritteln der eigentlichen Garzeit das Risotto auf ein flaches Blech streichen und bei Zimmertemperatur abgedeckt möglichst schnell auskühlen lassen. Abends kann das Risotto mit ein wenig Brühe neu angesetzt und fertig gekocht werden.

VEGETARISCH

ARTISCHOCKE
LIMETTENJOGHURT

ARTISCHOCKE

- 8 Artischocken
- Salz
- Abrieb und Saft von 1 Zitrone
- Abrieb und Saft von 1 Orange
- 6 Zweige Thymian
- 1 milde Chilischote
- 6 Lorbeerblätter

LIMETTENJOGHURT

- 400 g Naturjoghurt
- Saft von 1 und Abrieb von 2 Limetten
- Meersalz
- Zucker
- frisch gemahlener weißer Pfeffer
- ½ Topf Basilikum

ARTISCHOCKE

- Artischocken in einen Topf mit gesalzenem Wasser geben. Zesten von Zitrone und Orange sowie deren Saft, die Thymianzweige, die milde Chili und die Lorbeerblätter hinzufügen. Die Artischocken beschweren und einmal aufkochen lassen. Danach für 20–30 Minuten auf kleiner Hitze simmern lassen – je nach Größe der Artischocken. Anschließend herausnehmen und auf Küchenpapier abtropfen lassen.

LIMETTENJOGHURT

- Den Joghurt mit dem Saft von 1 Limette und dem Abrieb von 2 Limetten vermengen. Mit Salz, Zucker und weißem Pfeffer abschmecken. Anschließend die Basilikumblätter vom Stock zupfen, in feine Streifen schneiden und in den Joghurt rühren.

ANRICHTEN

- Die Artischocken in einer Schale in die Mitte des Tisches stellen und eine zweite Schale für die anfallenden Blätter bereitstellen. Pro Person eine kleine Schale mit Limettenjoghurt dazu reichen.

ALLERGENE: MILCHERZEUGNIS | VEGETARISCH | FÜR 4 PERSONEN

VORBEREITUNGSZEIT: 10 MINUTEN | ZUBEREITUNGSZEIT: 40 MINUTEN

BACKFISCH
REMOULADE

Dass ein Gericht nicht immer gesund sein muss, zeigt sicher dieses Rezept, das man in Maßen genießen sollte. Wenn, dann aber richtig. Knusprig, saftig und mit der Remoulade ein Klassiker für alle Generationen.

FISCHPANADE

- 100 g Reismehl
- 100 g Weizenmehl
- 130 ml Wodka
- 170 ml Bier
- Meersalz
- 1 TL Honig

REMOULADE

- 2 Eier
- 250 ml Traubenkernöl
- 50 g Cornichons
- 15 g Sardellen
- 10 g Kapern
- 1 Schalotte
- ¼ Topf Schnittlauch
- ¼ Topf glatte Petersilie
- Abrieb von 1 Zitrone
- Meersalz
- frisch gemahlener weißer Pfeffer
- Essig
- 1 TL Senf

BACKFISCH

- neutrales Speiseöl zum Ausbacken
- 1 kg festen weißen Fisch, z. B. Seeteufel oder Kabeljau

FISCHPANADE

- Für den Teig Reismehl und Weizenmehl in eine Schüssel sieben.
- Zuerst den Wodka, dann das Bier einarbeiten. Zuletzt mit Salz und Honig abschmecken.
- Den Teig in einen Sahnesiphon füllen, mit zwei Kapseln laden, kühl stellen und die Remoulade zubereiten.

REMOULADE

- Zuerst 1 Eigelb in einer Schüssel schaumig schlagen und ganz langsam das Traubenkernöl einarbeiten. Dann das andere Ei 10 Minuten hart kochen und währenddessen Cornichons, Sardellen und Kapern fein hacken. Die Schalotte in feine Würfel schneiden und für 4 Minuten in Wasser kochen, sodass ihre beißende Schärfe verschwindet, dann durch ein Sieb passieren.
- Das gekochte Ei fein hacken und zusammen mit der Schalotte zur Mayonnaise geben. Die Kräuter fein schneiden und mit dem Zitronenabrieb ebenfalls hinzugeben. Zum Schluss mit Salz, Pfeffer, Essig und Senf abschmecken.

BACKFISCH

- Einen Topf mit reichlich Speiseöl aufstellen und den Fisch in zeigefingergroße Stücke portionieren. Den Sahnesiphon in eine Schüssel entleeren, den Fisch durch den Backteig ziehen und in heißem Fett schwimmend bei 180 °C in circa 2 Minuten goldbraun backen.

ANRICHTEN

- Den Fisch auf Küchenpapier entfetten und in eine Schüssel geben. Die Remoulade separat servieren.

ALLERGENE: WEIZEN, EI, FISCH | PESCETARIER | FÜR 2 PERSONEN

VORBEREITUNGSZEIT: 60 MINUTEN | ZUBEREITUNGSZEIT: 30 MINUTEN

STEINBUTTKOTELETT
MIT SAUCE BÉARNAISE, KARTOFFELRISOTTO

Das Steinbuttkotelett ist auch eines der Gerichte, das wunderbar hochduplizierbar für mehrere Personen ist. Und noch ein Vorteil: Man hat einfach Zeit, weil es im Ofen eine Weile braucht und Zeit gibt, alle anderen Beilagen vorzubereiten, ohne in Hektik zu geraten. Und der Fisch ist einfach herrlich saftig.

STEINBUTTKOTELETT

- 1 Steinbuttkotelett (ca. 700 g)
- 3 EL Traubenkernöl
- Meersalz
- frisch gemahlener weißer Pfeffer
- 30 g Butter
- 2 Zweige Thymian

SAUCE BÉARNAISE

- je 6 Zweige Estragon und Kerbel
- 300 ml Weißwein
- 1 Lorbeerblatt
- 3 weiße Pfefferkörner
- 100 g Butter
- 2 Eigelb
- Salz
- frisch gemahlener weißer Pfeffer
- Abrieb von 1 Zitrone

STEINBUTTKOTELETT

- Das Kotelett eine halbe Stunde vor dem Braten temperieren lassen.
- Den Steinbutt trocken tupfen und zuerst mit der dunklen Hautseite in Öl 2 Minuten anbraten, danach mit der hellen Seite ebenfalls bei mittlerer Hitze 2 Minuten anbraten. Zum Schluss mit Meersalz und Pfeffer würzen.
- Die Butter hinzufügen, aufschäumen und frischen Thymian dazugeben. Den Fisch mit der schäumenden Butter übergießen – arrosieren. Anschließend in der (ofenfesten) Pfanne bei 160 °C (Umluft) in den Backofen geben und 20–30 Minuten – je nach Dicke des Steinbuttkoteletts – garen.

SAUCE BÉARNAISE

- Die Blätter von Estragon und Kerbel abzupfen und dann fein schneiden. Die Stiele aufheben. Die geschnittenen Blätter mit Weißwein, Lorbeerblatt und den Pfefferkörnern aufkochen und auf ein Drittel reduzieren.
- Die Butter separat in einem Topf schmelzen. Einen Topf mit etwas Wasser aufstellen, bis kurz unter dem Siedepunkt erhitzen und einen Anschlagkessel daraufsetzen. Die Eigelbe mit der Reduktion in den Anschlagkessel geben und mit einem Schneebesen schaumig schlagen. Die Butter zuerst tröpfchenweise und dann etwas schneller unter ständigem Aufschlagen einarbeiten. Sobald die Butter eingearbeitet ist und die Masse eine stabile Konsistenz aufweist, Kerbel und Estragon hinzugegeben, mit Salz, Pfeffer und Zitronenabrieb abschmecken.

Auf der nächsten Seite geht es weiter

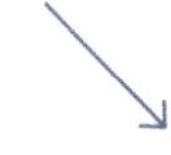

ALLERGENE: EI, FISCH, MILCHERZEUGNIS | PESCETARIER | FÜR 2 PERSONEN
VORBEREITUNGSZEIT: 1 STUNDE | ZUBEREITUNGSZEIT: 1 STUNDE

KARTOFFELRISOTTO

- 400 g festkochende Kartoffeln
- 1 Zwiebel
- 20 g Butter
- 50 ml Noilly Prat
- 250 ml Gemüsebrühe
- 1 Lorbeerblatt
- 10 g Hartkäse, z. B. Parmesan
- Salz
- frisch gemahlener weißer Pfeffer

KARTOFFELRISOTTO

- Die Kartoffeln waschen, schälen und in feine Würfel schneiden – die fertigen Würfel in kaltes Wasser legen, damit sie nicht braun werden. Die Zwiebel schälen und in feine Würfel schneiden. Die Butter aufschäumen und die Zwiebeln glasig dünsten. Die Kartoffelwürfel hinzugeben und hell anschwitzen. Mit Noilly Prat ablöschen, vollständig verdampfen lassen und mit Gemüsebrühe aufgießen. Die Kartoffeln zusammen mit dem Lorbeerblatt hinzugeben und einkochen lassen, bis eine dem Risotto ähnliche Konsistenz erreicht ist. Den Käse reiben und untermengen. Mit Salz und Pfeffer abschmecken.

ANRICHTEN

- Die Sauce béarnaise und das Kartoffelrisotto in Schälchen füllen und auf den Tisch stellen. Die Pfanne mit dem Steinbutt auf den Tisch stellen und den Fisch filetieren.

WACHTEL IM BLÄTTERTEIG
SCHWARZWURZEL, WIRSING

Das ist eines meiner absoluten Lieblingsgerichte in diesem Buch. Auf dem Foto sieht man die Cocotte, die ich von meiner Großtante geerbt habe. Ich habe lange überlegt, was ich damit machen kann, und festgestellt, dass sie sich ganz hervorragend zum Garen von Geflügel eignet. Durch die Blätterteighaube bleibt das Geflügel unglaublich saftig und alles mischt sich zu einem aromatischen Gericht.

ZUTATEN

- Wirsing
- Meersalz
- 320 ml Milch
- 4 Schwarzwurzeln
- 60 g Butter
- frisch gemahlener weißer Pfeffer
- etwas Muskatnuss
- 1 EL Kartoffelstärke
- 2 Wachteln
- 2 Eigelb
- 1 Packung Blätterteig

ANRICHTEN

- Direkt aus der Auflaufform heiß servieren.

ZUBEREITUNG

- Die äußeren Blätter des Wirsings und den Strunk entfernen. Den Wirsing in feine Streifen schneiden und in Salzwasser 3 Minuten kochen, anschließend in Eiswasser abkühlen.
- 300 Milliliter Milch in einen Topf geben und leicht salzen. Die Schwarzwurzeln waschen, schälen und in kleine Stücke schneiden. Direkt mit 30 Gramm Butter in die Milch hineingeben. Mit Salz, Pfeffer und Muskat würzen und so lange kochen, bis sie bissfest sind. Die Schwarzwurzeln in eine Cocotte geben und den Wirsing hinzufügen.
- Die Kartoffelstärke mit kaltem Wasser anrühren und dann den Milchsud, in dem die Schwarzwurzeln gekocht wurden, damit binden, bis er eine sämige Konsistenz hat.
- Die Wachteln von Hals und Flügeln befreien und gegebenenfalls Reste der Federkiele mit einer Pinzette entfernen. Mit Salz und Pfeffer würzen.
- Die Wachteln mit 30 Gramm Butter in einer Pfanne circa 3 Minuten von allen Seiten anbraten und arrosieren, danach in die Cocotte geben.
- Die Eigelbe mit 20 Milliliter Milch vermengen und den Blätterteig auf die Größe der Cocotte zuschneiden. Von der einen Seite komplett mit dem Eigelb-Milch-Gemisch bestreichen, auf der anderen Seite nur den Rand bestreichen, damit dieser sich mit der Cocotte verbindet. Bei 180 °C (Umluft) im vorgeheizten Backofen 20 Minuten garen.

ALLERGENE: WEIZEN, EI, MILCHERZEUGNIS | GEFLÜGEL | FÜR 2 PERSONEN

VORBEREITUNGSZEIT: 70 MINUTEN | ZUBEREITUNGSZEIT: 20 MINUTEN

BIO-HUHN
COUSCOUS, MINZJOGHURT

HUHN

- 1 Bio-Huhn (ca. 1,2 kg)
- 2 EL Traubenkernöl
- Meersalz
- Abrieb von 2 Bio-Zitronen

MINZJOGHURT

- 1 Topf Minze
- 400 g Joghurt
- Saft und Abrieb von 2 Limetten
- Meersalz
- frisch gemahlener weißer Pfeffer

COUSCOUS

- 300 g getrocknete Datteln
- 2 Paprikaschoten (1 rote und 1 gelbe)
- 1 Bund Frühlingslauch
- 1 Granatapfel
- 200 g Kirschtomaten
- Meersalz
- etwas Olivenöl
- 15 ml Noilly Prat
- 2 Zweige Thymian
- 1 EL Honig
- 200 g Cashewkerne
- 600 ml Geflügelfond
- 3 EL Ducca
- frisch gemahlener weißer Pfeffer
- 300 g Couscous
- 1 EL Traubenkernöl

ANRICHTEN

- Couscous auf einer Platte verteilen, Huhn darauf platzieren und heiß servieren.

HUHN

- Das Huhn waschen, trocken tupfen, mit Traubenkernöl einreiben und mit Salz würzen.

- Die Zitronen reiben und den Abrieb auf dem Huhn verteilen.

- Das so vorbereitete Huhn in einer ofenfesten Form im vorgeheizten Backofen bei 160 °C (Umluft) 35 Minuten garen. Dann auf 180 °C stellen und weitere 10 Minuten garen.

MINZJOGHURT

- Die Minze fein schneiden und mit dem Joghurt vermengen. Abrieb und Saft der Limetten hinzugeben. Mit Salz und Pfeffer abschmecken.

COUSCOUS

- Die Datteln entkernen und vierteln. Die Paprika waschen, entkernen und in feine Würfel schneiden. Den Frühlingslauch ebenfalls waschen und in feine Ringe schneiden. Die Haut des Granatapfels vorsichtig einschneiden und diesen dann in einer Schale mit Wasser unter Wasser aufbrechen. Die Granatapfelkerne setzen sich am Boden ab und können später herausgenommen werden, während das weiße Fruchtfleisch oben schwimmt.

- Die Kirschtomaten in eine heiße Pfanne geben und warten, bis die Schale aufplatzt. Leicht salzen und etwas Olivenöl hinzugeben, mit Noilly Prat ablöschen und dann sofort vom Herd nehmen. Den Thymian und Honig hinzugeben und ziehen lassen.

- Die Cashewkerne im vorgeheizten Ofen bei 160 °C circa 5 Minuten goldbraun rösten, auskühlen lassen und grob hacken.

- 20 Minuten vor Ende der Garzeit den Geflügelfond aufkochen, mit Ducca, Salz und Pfeffer abschmecken, den Couscous damit übergießen und 10 Minuten abgedeckt quellen lassen. 1 EL Traubenkernöl hinzugeben und kurz auflockern, dann die Datteln, Paprikawürfel, den Frühlingslauch und die Granatapfelkerne sowie die Cashewkerne untermischen.

ALLERGENE: WEIZEN, MILCHERZEUGNIS, CASHEWKERNE | GEFLÜGEL | FÜR 3 PERSONEN

VORBEREITUNGSZEIT: 80 MINUTEN | ZUBEREITUNGSZEIT: 45 MINUTEN

ENTE
PASTINAKE, BIRNE

ENTE VORBEREITEN

- 1 Ente (ca. 2,1 kg)
- 15 g schwarzer Pfeffer (Tellycherry)
- 25 g Honig
- 1 Prise Meersalz

MARONEN-BRIOCHE-FÜLLUNG

- 1 Gemüsezwiebel
- 20 g Butter
- Meersalz
- frisch gemahlener weißer Pfeffer
- Muskatnuss
- 100 g gekochte Maronen
- 75 ml Milch
- 75 ml Sahne
- 25 g Crème fraîche
- 175 g altes Brioche oder Weißbrot
- 1 Ei + 1 Eigelb
- Butter

ENTE VORBEREITEN

- Am Vortag die Ente von den Innereien und dem überschüssigen Fett befreien. Die Flügel stutzen, eventuell Reste der Federkiele mit einer Pinzette ziehen; die Ente von außen und innen waschen und dann trocken tupfen. Dann im Kühlschrank unabgedeckt stehen lassen, damit die Haut antrocknet.

- Den Pfeffer im Mörser zerstoßen und mit Honig und einer Prise Salz vermengen.

MARONEN-BRIOCHE-FÜLLUNG

- Die Zwiebel in feine Würfel schneiden, in der Butter anschwitzen und kräftig mit Salz Pfeffer und Muskat würzen. Die Maronen grob hacken und kurz mit anschwitzen und dann mit Milch und Sahne ablöschen und Crème fraîche hinzugeben. Die Mischung erwärmen und noch mal kräftig abschmecken – sie sollte leicht überwürzt sein. Das Brioche in Würfel schneiden und die Mischung darübergeben und 10 Minuten ziehen lassen. Das Ei hinzugeben und alles vorsichtig vermengen, damit die Masse fluffig bleibt.

- **Tipp:** Falls nach dem Füllen der Ente noch Masse übrig bleibt, kann diese in Folie im Wasserbad bei 80 °C 20 Minuten garen. Abkühlen lassen, in Scheiben schneiden und dann in der Pfanne mit etwas Butter anbraten. Hierzu passen wunderbar ein paar gebratene Pilze.

Auf der nächsten Seite geht es weiter

ALLERGENE: WEIZEN, EI, MILCHERZEUGNISSE, SELLERIE | GEFLÜGEL | FÜR 4 PERSONEN

ZUBEREITUNGSZEIT: 110 MINUTEN | VORBEREITUNGSZEIT: 60 MINUTEN

SAUCE

- Abschnitte von der Ente
- 1 EL Traubenkernöl
- 40 g Karotte
- 40 g Staudensellerie
- 120 g Zwiebel
- 2 Lorbeerblätter
- ½ TL Pfefferkörner
- ½ TL Koriandersaat
- 2 Wacholderbeeren
- 1 Pimentkorn
- 1 TL Tomatenmark
- 50 ml Madeira
- 150 ml Rotwein
- 400 ml Entenfond
- 6 Zweige Majoran
- 1 TL Kartoffelstärke

PASTINAKE VORBEREITEN

- 600 g Pastinake
- Traubenkernöl
- frisch gemahlener schwarzer Pfeffer
- Salz

KNUSPRIGE ENTE

- Meersalz
- Maronen-Brioche-Füllung (siehe Teilrezept)
- Pastinaken (siehe Teilrezept)
- Sauerrahm
- frisch gemahlener weißer Pfeffer
- Abrieb von 1 Zitrone

BIRNE VORBEREITEN

- 2 vollreife Birnen
- Meersalz
- frisch gemahlener weißer Pfeffer

ANRICHTEN

- etwas frischer Portulak (alternativ: Babyspinat)
- ein paar Zweige Majoran

AUSSERDEM

- Zahnstocher
- Küchengarn

SAUCE

- Die Abschnitte der Ente in einem Topf mit Traubenkernöl goldbraun geröstet. Dann Karotte, Staudensellerie und Zwiebel grob schneiden und mitrösten. Lorbeerblätter, Pfefferkörner, Koriandersaat, Wacholder, Piment und Tomatenmark hinzugeben. Weiterrösten und dann mit Madeira und Rotwein ablöschen. Warten, bis fast die ganze Flüssigkeit verdampft ist. Den Fond hinzugeben, circa 2 Stunden köcheln lassen und immer mit Wasser aufgießen, sodass die Entenstücke bedeckt sind. In den letzten 5 Minuten den Majoran hinzugeben und ziehen lassen. Durch ein feines Sieb geben und bis zum gewünschten Geschmacksergebnis reduzieren. Die Kartoffelstärke mit kaltem Wasser anrühren, um damit die Sauce zu binden. Die Mischung nach und nach unter kräftigem Rühren in die Sauce geben und immer wieder kurz aufkochen, bis die gewünschte Konsistenz erreicht ist.

PASTINAKE VORBEREITEN

- Die Pastinaken schälen und halbieren. Mit Traubenkernöl marinieren. Leicht pfeffern und salzen.

KNUSPRIGE ENTE

- Die Ente mit Salz einreiben. Die Füllung in die Ente geben und diese mit Zahnstochern und Küchengarn verschließen. Die Ente mit der Brust nach unten auf ein Backblech legen und die Pastinaken mit der Schnittseite nach unten danebenlegen. Im vorgeheizten Backofen bei 150 °C 45 Minuten garen. Alle 15 Minuten die Ente mit dem austretenden Fett übergießen. Dann die Pastinake aus dem Ofen nehmen, die Brustseite nach oben drehen und noch mal 45 Minuten bei 150 °C garen. Die Pastinaken aushöhlen das herausgenommene Innere mit dem Messer hacken. Mit dem Sauerrahm vermengen und mit Salz, Pfeffer und Zitronenabrieb abschmecken. Die Masse dann wieder in die ausgehöhlte Pastinake geben. Den Backofen auf 200 °C hochstellen und noch mal 20 Minuten garen. Nach 15 Minuten den Pfefferhonig mit einem Pinsel auf die Ente auftragen.

BIRNE VORBEREITEN

- Die Birnen schälen, achteln und entkernen. Dann leicht salzen und pfeffern.

- Die Birne und die Pastinake für die letzten 10 Minuten noch mal mit in den Ofen geben.

ANRICHTEN

- Aus dem Ofen nehmen, mit etwas Portulak und Majoran dekorieren und direkt vom heißen Blech servieren.

GANS
ROTKOHL, KLÖSSE

Dieses Rezept ist von Oma Kallepe – die so heißt, weil sie am Kalle-Peters-Platz in Hannover gewohnt hat. Sie ist im Zweiten Weltkrieg nach Schlesien geflohen und hat dort das Rezept für diese Klöße entdeckt. Es sind feste, kompakte Klöße. Ob es das perfekte Kloßrezept ist, bleibt offen, aber durch die Erinnerung, die jedes Mal lebendig wird, wenn ich diese Klöße mache, bleiben es für mich die besten Klöße der Welt.

GANS

- 1 Gans (ca. 4 kg)
- 2 Bio-Orangen
- 2 Gemüsezwiebeln
- 4 Zweige Beifuß
- Meersalz
- frisch gemahlener weißer Pfeffer

AUSSERDEM

- Zahnstocher
- Küchengarn

GANS

- Das überschüssige Fett und die Rückstände der Innereien entfernen und komplett reinigen. Das Fett wird in einem Topf ausgelassen, das entstehende Schmalz für die Zubereitung des Rotkohls aufheben. Wenn die Gans gereinigt ist, abtupfen und auf Rückstände von Federkielen prüfen. Wenn vorhanden, mit einer Pinzette entfernen. Den Hals und den unteren Teil der Flügel von der Gans lösen und später für die Sauce verwenden.

- **Tipp:** Dieser Arbeitsschritt kann einen Tag vor der Zubereitung des Gerichts durchgeführt werden. Dann die Gans einen Tag im Kühlschrank aufbewahren, sodass die Haut antrocknet und knuspriger wird.

- Für die Füllung die Orangen waschen und mit Schale klein schneiden. Die Zwiebeln schälen und ebenfalls klein schneiden. Den Beifuß grob hacken und zu den Orangen und Zwiebeln gegeben. Mit Salz und Pfeffer kräftig würzen und in die Gans füllen. Die Gans verschließen, damit die Füllung nicht herausfällt. Hierzu die Haut auf beiden Seiten mit Zahnstochern zusammenstecken und das Ganze mit Küchengarn fixieren, anschließend mit einem Knoten festzurren.

Auf der nächsten Seite geht es weiter

ALLERGENE: WEIZEN, EI, SELLERIE, SCHWEFEL (ROTWEIN) | GEFLÜGEL | FÜR 6 PERSONEN

GANS/SAUCE VORBEREITUNGSZEIT: 50 MINUTEN | ZUBEREITUNGSZEIT: 190 MINUTEN

KLÖSSE VORBEREITUNGSZEIT: 50 MINUTEN | ZUBEREITUNGSZEIT: 40 MINUTEN

ROTKOHL VORBEREITUNGSZEIT: 70 MINUTEN | ZUBEREITUNGSZEIT: 2,5 STUNDEN

PIETBOON by SERAX

- Die Gans kräftig mit Salz einreiben, da dies die Haut knuspriger macht. Die Gans mit der Brust nach unten im vorgeheizten Backofen bei 150 °C 1 Stunde und 35 Minuten garen. Die Gans alle 30 Minuten mit dem austretenden Fett übergießen. Dann die Brustseite nach oben drehen und nochmals 1 Stunde und 25 Minuten bei 150 °C garen. Den Ofen auf 200 °C hochstellen und noch mal 15 Minuten garen.

- **Tipp:** In dem Schmalz, das im Backblech zurückbleibt, können ein paar Äpfel und Zwiebeln geschmort und das Ganze als Brotaufstrich im Kühlschrank gelagert werden.

SAUCE

- Abschnitte von der Gans
- 1 EL Traubenkernöl
- 40 g Karotte
- 40 g Staudensellerie
- 120 g Zwiebel
- 2 Lorbeerblätter
- ½ TL Pfefferkörner
- ½ TL Koriandersaat
- 2 Wacholderbeeren
- 1 Pimentkorn
- 1 TL Tomatenmark
- 50 ml Madeira
- 150 ml Rotwein
- 400 ml Gänsefond
- 6 Zweige Majoran
- 1 TL Kartoffelstärke

SAUCE

- Für die Sauce Hals und Flügel grob hacken und in einem Topf mit Traubenkernöl goldbraun geröstet. Dann Karotte, Staudensellerie und Zwiebel grob schneiden und mitrösten. Lorbeerblätter, Pfefferkörner, Koriandersaat, Wacholder, Piment und Tomatenmark hinzugeben. Weiterrösten und dann mit Madeira und Rotwein ablöschen. Warten, bis fast die ganze Flüssigkeit verdampft ist. Den Fond hinzugeben, circa 2 Stunden köcheln lassen und immer wieder mit Wasser aufgießen, sodass die Gänsestücke bedeckt sind. In den letzten 5 Minuten den Majoran hinzugeben und ziehen lassen. Durch ein feines Sieb geben und bis zum gewünschten Geschmacksergebnis reduzieren. Die Kartoffelstärke mit kaltem Wasser anrühren, um damit die Sauce zu binden. Die Mischung nach und nach unter kräftigem Rühren in die Sauce geben und immer wieder kurz aufkochen, bis die gewünschte Konsistenz erreicht ist.

Auf der nächsten Seite geht es weiter ↘

ROTKOHL

- 1 Rotkohl
- 2 Gemüsezwiebeln
- Gänseschmalz (siehe Teil-rezept)
- Orange
- 2 EL roter Traubenessig
- Meersalz
- frisch gemahlener weißer Pfeffer
- 4 Lorbeerblätter
- 3 Pimentkörner
- 7 Wacholderbeeren
- 5 Nelken
- 1 TL weiße Pfefferkörner
- 4 Äpfel (Braeburn)
- 400 ml Apfelsaft
- 500 ml Rotwein
- 150 g Johannisbeergelee

KLÖSSE

- 1800 g mehligkochende Kartoffeln
- Salz
- 3 Eigelb
- 300 g Weizenmehl, Type 405
- 2 EL Kartoffelstärke
- Muskatnuss
- frisch gemahlener weißer Pfeffer

ROTKOHL

- Den Rotkohl in sehr feine Streifen schneiden und in eine große Schüssel gegeben. Die Zwiebeln schälen, vierteln und ebenfalls in feine Streifen schneiden. Die Zwiebeln im Gänseschmalz (alternativ in Butter) glasig dünsten. Den Rotkohl mit dem Saft der Orangen, Essig, Salz und Pfeffer würzen und kräftig durchkneten, damit die Struktur des Rotkohls aufgebrochen wird. Dann 20 Minuten marinieren lassen. Ein Gewürzsäckchen mit Lorbeerblättern, Piment, Wacholder, Nelken und Pfeffer vorbereiten. Die Äpfel schälen, achteln und in feine Streifen schneiden. Diese dann zu den Zwiebeln geben und mit anschwitzen. Dann den Rotkohl hinzugeben und ebenfalls anschwitzen. Dann mit Apfelsaft und Rotwein ablöschen und mit geschlossenem Deckel köcheln lassen, bis der Rotkohl zusammengefallen ist. Dann den Deckel abnehmen und weiterköcheln lassen. Zum Schluss mit dem Johannisbeergelee, Salz und Pfeffer abschmecken.

- **Tipp:** Der Rotkohl kann sehr gut tiefgefroren aufbewahrt werden, also lohnt es sich, eine größere Menge zu kochen.

KLÖSSE

- Die Kartoffeln waschen, schälen und in Salzwasser gar kochen. Dann abgießen und circa 10 Minuten ausdämpfen lassen. Eigelb, Mehl, Kartoffelstärke hinzugeben und mit den Händen durchkneten, dabei dürfen ruhig größere Kartoffelstücke in der Masse verbleiben. Einen Topf mit reichlich Salzwasser aufkochen und dann die Hitze reduzieren. Den Kloßteig zu Portionen von jeweils circa 100 Gramm abdrehen, rund formen und in das Wasser geben, bis sie aufsteigen. Sobald sie aufgestiegen sind, sind sie fertig gegart.

ANRICHTEN

- Auf einem Teller servieren.

GEMÜSEEINTOPF
KOHLWURST

Dieses nahrhafte Gericht ist sehr flexibel einsetzbar. Wer mag, lässt einfach Speck und Kohlwurst weg, damit es vegetarisch bleibt, oder ergänzt es durch Krabben. So kann man diesen leckeren Eintopf ganz leicht anpassen.

ZUTATEN

- 120 g gelbe Möhren
- 270 g Pastinaken
- 180 g Karotten
- ½ Steckrübe
- 180 g Petersilienwurzeln
- 1 Knoblauchzehe
- 1 Gemüsezwiebel
- 60 g Speck
- 2 EL Traubenkernöl
- 4 frische Tomaten
- 3 Lorbeerblätter
- 1 TL scharfes Paprikagewürz
- 2 EL Tomatenmark
- 1,6 l Gemüsebrühe
- 6 Kohlwürste
- Meersalz
- frisch gemahlener weißer Pfeffer
- 3 EL Weißweinessig
- 1 Bund Petersilie
- 2 frische Baguettes

ZUBEREITUNG

- Das Wurzelgemüse waschen, schälen in Würfel oder Rauten schneiden.

- Den eventuell vorhandenen Keimling des Knoblauchs entfernen und dann den Knoblauch fein hacken. Die Zwiebel schälen und in feine Würfel schneiden. Den Speck in feine Streifen schneiden.

- Das Öl in einen Topf geben und den Speck darin anbraten. Anschließend Zwiebel, Tomaten, Gemüse, Knoblauch, Lorbeer und das scharfe Paprikagewürz dazugeben und alles anschwitzen. Das Tomatenmark hinzugeben und kurz mitrösten. Mit Gemüsebrühe ablöschen, alles 5 Minuten kochen lassen. Danach die Kohlwürste hinzufügen und den Eintopf 15 Minuten ziehen lassen, bis das Gemüse gar ist. Mit etwas Salz, Pfeffer und Weißweinessig abschmecken. Dann die Petersilie hacken und die Baguettes frisch aufbacken.

ANRICHTEN

- Die Suppe mit der Petersilie garnieren und heiß servieren.

- **Tipp:** Wenn das Fleisch weggelassen wird, ist dieser Eintopf auch eine sehr leckere vegane Mahlzeit.

ALLERGENE: WEIZEN, SELLERIE | OMNIVOR | FÜR 6 PERSONEN

VORBEREITUNGSZEIT: 45 MINUTEN | ZUBEREITUNGSZEIT: 45 MINUTEN

SCHWEINEBAUCH
GRÜNKOHL

SCHWEINEBAUCH

- 1 kg Schweinebauch
- Meersalz
- 100 g Karotten
- 100 g Staudensellerie
- 2 Gemüsezwiebeln
- 3 EL Traubenkernöl
- ½ TL weiße Pfefferkörner
- ½ TL Koriandersaat
- 3 Lorbeerblätter
- 1 TL Tomatenmark
- 200 ml Rotwein
- 400 ml Schweinefond

SCHWEINEBAUCH

- Den Backofen auf 140 °C (Umluft) vorheizen. Den Schweinebauch mit der Schwarte nach unten auf ein Brett legen. Mit den Fingern entlang der Rippenbögen tasten. Knorpel und Knochensplitter gegebenenfalls wegschneiden. Danach umdrehen und die Schwarte einritzen. Den Schweinebauch mit Meersalz von allen Seiten einreiben und mit der Schwarte nach unten in ein tiefes Blech legen. Mit leicht gesalzenem Wasser füllen, sodass der Schweinebauch zur Hälfte im Wasser liegt. Mit Alufolie abdecken und im Backofen 1 Stunde garen.

- In der Zwischenzeit das Gemüse in walnussgroße Stücke schneiden.

- Im Bräter mit Traubenkernöl die Schweinebauchabschnitte goldbraun braten und dann das Gemüse zum Rösten dazugeben. Anschließend die Gewürze und das Tomatenmark mitrösten. Mit Rotwein ablöschen und verdampfen lassen. Den Schweinefond aufgießen und einmal aufkochen.

- Die Flüssigkeit zusammen mit dem Gemüse in eine feuerfeste Form geben.

- Den Schweinebauch aus dem Ofen und dem tiefen Blech nehmen, die Schwarte erneut einsalzen. Den Ofen auf 160 °C (Umluft) stellen. Den Schweinebauch in die feuerfeste Form geben, sodass das Fleisch im Sud liegt und die Schwarte der trockenen Hitze des Ofens ausgesetzt ist. Dann weitere 40 Minuten garen. Anschließend das Fleisch aus dem Sud nehmen und auf ein Gitterblech setzen. Den Ofen auf 210 °C aufheizen und den Schweinebauch circa 15 Minuten knusprig backen.

ALLERGENE: SELLERIE | OMNIVOR | FÜR 4 PERSONEN

SCHWEINEBAUCH VORBEREITUNGSZEIT: 70 MINUTEN | ZUBEREITUNGSZEIT: GUT 2 STUNDEN

GRÜNKOHL VORBEREITUNGSZEIT: 20 MINUTEN | ZUBEREITUNGSZEIT: 40 MINUTEN

GRÜNKOHL

- 1 kg gezupfter Grünkohl
- 120 g geräucherter Speck ohne Schwarte
- 4 Gemüsezwiebeln
- Butter
- Meersalz
- frisch gemahlener weißer Pfeffer
- 200 ml Schweinefond

GRÜNKOHL

- Den Grünkohl waschen und in mundgerechte Stücke schneiden.

- Den Speck in kleine Streifen schneiden.

- Die Zwiebeln halbieren, schälen und in dünne Streifen schneiden.

- Den Speck mit Butter anschwitzen. Sobald der Speck ausgelassen und die Butter geschmolzen ist, die Zwiebeln hinzugeben und farblos mit anschwitzen. Den Grünkohl hinzugeben und mit anschwitzen, bis er leicht zusammenfällt. Mit Meersalz und Pfeffer leicht würzen. Dann mit Schweinefond aufgießen. Zugedeckt 40 Minuten kochen.

ANRICHTEN

- Direkt aus dem Bräter servieren.

KALBSKOTELETT
BOHNEN-CASSOULET

KALBSKOTELETT

- Kalbskotelett (à 500 g und 800 g)
- Meersalz
- frisch gemahlener weißer Pfeffer
- 2 EL Butter

BOHNENEINTOPF

- 25 g Butter
- 2 Zwiebeln
- 1 Knoblauchzehe
- 100 g Prinzessbohnen
- 50 g dicke weiße Bohnen
- 150 g Schneidebohnen
- 50 g rote Kidneybohnen
- 50 g Wachtelbohnen
- 9 g Bohnenkraut
- Meersalz
- frisch gemahlener weißer Pfeffer
- 50 ml Weißwein
- 200 ml Gemüsebrühe
- 1 EL Stärke

VORBEREITUNG

- Die Bohnen über Nacht für 24 Stunden mit reichlich Wasser bedecken und einweichen lassen. Kidneybohnen, Prinzessbohnen, Wachtelbohnen und dicke Bohnen am nächsten Tag separat in Salzwasser bissfest kochen, abschrecken und kurz vor Schluss zufügen.

KALBSKOTELETT

- Die Kalbskoteletts vor der Zubereitung temperieren lassen.

- Die Kalbskoteletts von allen Seiten scharf anbraten. Anschließend leicht salzen und pfeffern. Die Stücke auf gekräuselte Aluminiumfolie setzen und in den auf 160 °C (Umluft) vorgeheizten Backofen schieben. So lange garen lassen, bis das Fleisch eine Kerntemperatur von 48 °C hat, dann aus dem Ofen nehmen. In einer Pfanne Butter aufschäumen und die Kalbskoteletts nachbraten. Immer wieder arrosieren, sprich mit der schäumenden Butter übergießen und mit Salz und Pfeffer würzen.

BOHNENEINTOPF

- Die Butter farblos aufschäumen lassen. Die Zwiebeln schälen und in feine Würfel schneiden. Einen eventuell vorhandenen Keimling der Knoblauchzehe entfernen und diese fein hacken. Anschließend beides in die Butter geben. Farblos anschwitzen. Die eingeweichten Bohnen sowie die Schneidebohnen mit zu den Zwiebeln geben. Währenddessen das Bohnenkraut waschen, vom Strang entfernen und fein hacken. Hinzugeben. Danach kräftig mit Salz und weißem Pfeffer würzen. Mit Weißwein ablöschen und auf die Hälfte reduzieren lassen. Mit der Gemüsebrühe auffüllen und simmern lassen. Circa 1 Stunde garen. Den Eintopf abermals mit Salz und Pfeffer abschmecken. Parallel die Stärke mit ein wenig Wasser anrühren und unter ständigem Rühren in den kochenden Eintopf rühren.

ANRICHTEN

- Das Fleisch aufschneiden und mit dem Bohneneintopf servieren.

ALLERGENE: FLEISCH | FÜR 4 PERSONEN

VORBEREITUNGSZEIT: 24 STUNDEN | ZUBEREITUNGSZEIT: 2 STUNDEN

KALBSHAXE
SELLERIE, SERVIETTENKNÖDEL

Die Kalbshaxe war unser Nikolaus-Highlight in JPs Kantine. Wir wollten, dass an diesem Tag niemand allein und ohne gutes Essen feiern sollte. So haben wir 800 Portionen vorbereitet, bestehend aus 200 Kalbshaxen (1 Kalbshaxe ist für 4 Portionen) und 200 Sellerie, sowie 1200 Serviettenknödel. Dafür hatten wir keinen Preis definiert, sondern einfach ein Sparschwein aufgestellt. So konnte jeder, der mit seinem Backblech kam, um sich 4 Portionen abzuholen, geben, was er wollte und konnte. Es war – und das hat uns sehr gefreut – in jeder Hinsicht ein voller Erfolg.

KALBSHAXE UND SAUCE

- 1 Kalbshaxe (circa 1 kg)
- Meersalz
- 250 g Karotten
- 250 g Staudensellerie
- 1 EL Traubenkernöl
- 200 g Schalotten
- ½ TL Wacholderbeeren
- 1 Lorbeerblatt
- ¼ TL Koriandersaat
- ¼ TL Senfsaat
- ¼ TL weiße Pfefferkörner
- 1 TL Tomatenmark
- 150 ml Rotwein
- 1,2 l Kalbsfond
- 3 Zweige Rosmarin
- 100 g kalte Butter
- frisch gemahlener weißer Pfeffer

Auf der nächsten Seite geht es weiter

KALBSHAXE UND SAUCE

- Den Backofen auf 180 °C (Umluft) vorheizen.
- Die Kalbshaxe mit einem Papiertuch trocken tupfen und danach leicht mit Salz einreiben.
- Das Gemüse schälen und in walnussgroße Stücke schneiden.
- Öl im Bräter erhitzen und die Kalbshaxe darin von allen Seiten anbraten. Danach die Haxe herausnehmen und zuerst die Karotten im Bräter anrösten, dann Staudensellerie und zum Schluss die Schalotten. Wacholderbeeren, das Lorbeerblatt, Koriander- und Senfsaat sowie die Pfefferkörner dazugeben. Das Tomatenmark zugeben und mitrösten, dann mit Rotwein ablöschen und verdunsten lassen. Danach mit Kalbsfond aufgießen und die Haxe zurück in den Bräter setzten. Sie sollte zu zwei Drittel mit Wasser bedeckt sein und im Backofen bei 180 °C (Umluft) circa 2 Stunden und 15 Minuten lang garen. Die Haxe alle 20 Minuten wenden. Zum Ende der Garzeit mit einer Fleischgabel in die Haxe stechen, um zu prüfen, ob die gar ist. Wenn sie allein von der Gabel herunterrutscht, ist die Kalbshaxe gar.
- Die Haxe entnehmen und mit einem feuchten Tuch abdecken.
- Den Schmorsud anschließend passieren und erneut aufkochen, auf 300 Milliliter reduzieren. Den Sud danach mit kalten Butterflocken bei geringer Hitze aufmontieren. Der Sud darf nicht mehr kochen, da sich sonst die Butter von der Sauce trennt.

ALLERGENE: WEIZEN, EI, MILCHERZEUGNISSE, SELLERIE, SENF | OMNIVOR | FÜR 4 PERSONEN

VORBEREITUNGSZEIT: 1 STUNDE | ZUBEREITUNGSZEIT: 3,5 STUNDEN

SELLERIE IM SALZTEIG

- 500 g Weizenmehl, Type 405
- 500 g Salz
- 80 ml Wasser
- 1 Sellerieknolle
- 2 EL Traubenkernöl

SERVIETTENKNÖDEL

- 10 getrocknete weiße Brötchen
- 2 Gemüsezwiebel
- 40 g Butter
- 650 ml Milch
- 6 Zweige Thymian
- Meersalz
- frisch gemahlener weißer Pfeffer
- 1 Prise Muskatnuss
- 2 Eier
- 1 Topf glatte Petersilie

SELLERIE IM SALZTEIG

- Den Backofen auf 180 °C (Umluft) vorheizen.

- Das Mehl mit Salz und Wasser in eine Schüssel geben und zu einem homogenen Teig verkneten. Danach den Teig ausrollen und die Sellerieknolle damit »einkleiden«.

- In den aufgeheizten Backofen geben und circa 1,5 Stunden garen.

- Den »Deckel« vom Sellerie mit einem Sägemesser abschneiden und die Knolle mit einem Löffel aushöhlen. Die entnommene Masse mit dem Öl marinieren und wieder in den Sellerie füllen.

- **Hinweis:** Den Salzteig bitte nicht verzehren, er dient nur zur Geschmacksgebung.

SERVIETTENKNÖDEL

- Die getrockneten Brötchen in walnussgroße Würfel schneiden. Die Gemüsezwiebel fein würfeln und in Butter glasig anschwitzen. Die Milch hinzugeben und die Hitze reduzieren.

- Den Thymian waschen und 10 Minuten in der Milch ziehen lassen. Mit Salz, Pfeffer und Muskatnuss würzen.

- Die Eier und die Milch – den Thymian vorher herausnehmen – zu den Brötchen geben und zu einer Masse verkneten. Die Petersilie fein hacken und dazugeben, kräftig abschmecken und auf eine Fläche mit Klarsichtfolie geben. Die Masse zu einer Rolle formen und mit Alufolie kompakt einwickeln. In siedendem Wasser circa 30 Minuten garen.

ANRICHTEN

- Die Kalbshaxe im Bräter oder auf einer großen Platte servieren, mit Sauce übergießen und die Serviettenknödel in Scheiben dazulegen. Den Sellerie im Salzteig zum Auslöffeln daneben platzieren.

TAFELSPITZ
CHINAKOHL, MEERRETTICH

Die Brühe, in der das Fleisch gegart ist, kann man am nächsten Tag wunderbar als Grundlage einer nahrhaften Nudelsuppe verwenden (siehe das Ramen-Rezept auf Seite 84). So kann man ganz im Sinne der Nachhaltigkeit aus Teilen dieses Rezeptes etwas Neues kochen und aus einem Gericht ein weiteres machen.

TAFELSPITZ

- ½ Lauchstange
- 4 Stangen Staudensellerie
- 1 Zwiebel
- Kalbstafelspitz (ca. 1 kg)
- ½ Teelöffel Koriandersaat
- ½ Teelöffel weiße Pfefferkörner
- 2 Lorbeerblätter
- 3 Wacholderbeeren
- ½ TL Senfsaat
- 400 ml Gemüsebrühe
- Wasser zum Aufgießen
- Meersalz
- frisch gemahlener weißer Pfeffer

TAFELSPITZ

- Das Gemüse putzen und in grobe Stücke schneiden.
- Den Tafelspitz parieren und zusammen mit dem Gemüse und den Gewürzen in einen Topf geben. Mit der Gemüsebrühe aufgießen, den Topf mit Wasser auffüllen und mit Meersalz und Pfeffer abschmecken. Alle Zutaten zusammen auf dem Herd erhitzen und circa 2 Stunden und 30 Minuten sieden lassen. Der Tafelspitz ist gar, wenn er durch sein Eigengewicht von der Fleischgabel rutscht. Dann das Fleisch aus der Brühe ausstechen und zum Servieren warm stellen.
- Die Tafelspitzbrühe passieren und zur Weiterverarbeitung beiseitestellen.

Auf der nächsten Seite geht es weiter

ALLERGENE: MILCHERZEUGNISSE, SELLERIE, SENF, SCHWEFELDIOXID | FLEISCH | FÜR 4 PERSONEN

ZUBEREITUNGSZEIT: 2,5 STUNDEN | VORBEREITUNGSZEIT: 1 STUNDE

MEERRETTICHSAUCE

- 90 g Butter
- 150 g Schalotten
- 100 g Knollensellerie
- 100 g weiße Champignons
- ½ Meerrettichstange
- ½ TL Fenchelsaat
- 1 TL weiße Pfefferkörner
- 1 TL Koriandersaat
- 2 Lorbeerblätter
- 100 ml Noilly Prat
- 500 ml Tafelspitzbrühe (siehe Teilrezept Tafelspitz)
- 250 ml Sahne
- 80 g Crème fraîche
- Thymian
- Meersalz
- Saft von ½ Zitrone

CHINAKOHL

- 1 Chinakohl
- Traubenkernöl
- Meersalz
- frisch gemahlener weißer Pfeffer
- etwas Muskatnuss
- 30 ml Weißwein
- 150 g rote kernlose Trauben
- 5 g Butter

ANRICHTEN

- Schnittlauch

MEERRETTICHSAUCE

- Die Butter aufschäumen und fein geschnittene Streifen von Schalotten, Knollensellerie, Champignons anschwitzen. Die Hälfte des Meerrettichs schälen, fein reiben und mit anschwitzen. Die Gewürze und Lorbeerblätter hinzugeben, mit anschwitzen und mit Noilly Prat ablöschen. Diesen vollständig verdampfen lassen, dann mit Tafelspitzbrühe auffüllen und 10 Minuten köcheln lassen, bis sich die Flüssigkeit halbiert hat. Anschließend Sahne und Crème fraîche hinzugeben und einmal aufkochen. Mit dem Thymian 10 Minuten ziehen lassen, herausnehmen und die Sauce leicht anmixen.

- Danach durch ein Sieb passieren und die Sauce zum Schluss mit Salz und Zitronensaft abschmecken.

- Je nach gewünschter Konsistenz mehr oder weniger des passierten Gemüses durch das Sieb drücken. Die Sauce mit dem Mixstab aufschäumen.

CHINAKOHL

- Den Chinakohl waschen, vierteln und den Strunk entfernen. Danach in feine Streifen schneiden und zum Schmoren bereitstellen. In einem Topf Traubenkernöl erhitzen und den Chinakohl anbraten. Mit Salz, Pfeffer und Muskatnuss würzen. Anschließend mit Weißwein ablöschen.

- Die Trauben auf der Stielseite kreuzförmig einritzen und für 5 Sekunden in kochendes Wasser geben, danach sofort in Eiswasser abkühlen. Dann kann die Schale der Trauben leichter abgezogen werden. Zum Servieren die Trauben kurz in Butter glasieren und leicht salzen.

ANRICHTEN

- Den Schnittlauch in feine Röllchen schneiden.

- Den Tafelspitz entgegen der Faser mit dem Messer in dünne Tranchen schneiden.

- Die Sauce darübergeben und mit Schnittlauchröllchen dekorieren. Den Chinakohl mit den Trauben separat in eine Schale füllen und dazu servieren.

RAMEN

ZUTATEN

- Tafelspitzbrühe (siehe Rezept ab Seite 80)
- 1 TL Sojasauce
- 1 Karotte
- ½ Spitzkohl
- 6 Champignons
- restliches Tafelspitzfleisch (siehe Rezept ab Seite 80)
- ½ Chilischote
- 1 EL frisch geriebener Ingwer
- 4 Eier
- 250 g Ramen-Nudeln
- 2 Pak Choi, geviertelt

ZUBEREITUNG

- Tafelspitzbrühe vom Vortag aufkochen und auf die gewünschte Menge reduzieren. Mit Sojasauce abschmecken.

- Karotte, Spitzkohl und Champignons in feine Streifen schneiden.

- Das Tafelspitzfleisch vom Vortag fein zupfen.

- Die Chilischote in feine Würfel schneiden, den Ingwer fein reiben und damit nach Belieben abschmecken.

- Die Eier 6 Minuten in Wasser kochen, pellen und halbieren.

- Die Nudeln in gesalzenem Wasser nach Packungsanweisung kochen und danach direkt mit allen weiteren Zutaten mischen und einmal aufkochen.

ANRICHTEN

- Die Suppe in eine Schale geben und mit den Eiern zusammen servieren.

ALLERGENE: WEIZEN, EIER, SELLERIE, SOJA | FLEISCH | FÜR 4 PERSONEN

BASIS: TAFELSPITZ VOM VORTAG | VORBEREITUNG: 40 MINUTEN | ZUBEREITUNGSZEIT: 25 MINUTEN

RINDERRIPPE

TOPINAMBUR, KRÄUTERSEITLINGE

RINDERRIPPEN-MARINADE

- Koriandersamen
- Schwarzkümmel
- frisch gemahlener schwarzer Pfeffer
- Thymian
- Olivenöl
- Honig
- Meersalz

RINDERRIPPE

- ca. 2,3 kg Rinderrippe mit Knochen
- Salz
- 200 g Karotten
- 2 Stangen Staudensellerie
- 2 Gemüsezwiebeln
- 3 Lorbeerblätter
- 3 Wacholderbeeren
- 1 TL Koriandersaat
- 1 TL weiße Pfefferkörner
- 1 EL Tomatenmark
- 300 ml Rotwein
- 1,2 l Rinderfond
- Kartoffelstärke
- frisch gemahlener schwarzer Pfeffer

RINDERRIPPE

- Die Rippen mit der Marinade einreiben und in einem Bräter bei mittlerer Hitze zuerst auf der Fleischseite anbraten. Die Karotten und den Staudensellerie waschen und grob schneiden. Die Zwiebeln schälen, halbieren und in Streifen schneiden. Wenn die Rippe goldgelb gebraten ist, aus dem Bräter nehmen. In dem ausgetretenen Fett die Karotten, den Staudensellerie und die Zwiebelstreifen rösten. Dann die Lorbeerblätter, Wacholderbeeren, Koriandersaat und Pfefferkörner hinzugegeben und kurz mitrösten. Das Tomatenmark hinzugeben und nochmals rösten. Mit 100 Milliliter Rotwein ablöschen und reduzieren, bis die Flüssigkeit verdampft ist. Dies zweimal wiederholen. Dann mit dem Fond aufgießen, sodass die Rippe zu einem Drittel bedeckt ist, und im vorgeheizten Ofen bei 160 °C (Umluft) 2 Stunden und 15 Minuten garen. Alle 20 Minuten die Rippe wenden. Falls während des Garprozesses zu viel Flüssigkeit verdampft, einfach mit Wasser auffüllen.

- Die Rippe aus dem Sud herausnehmen und mit Folie eng abdecken, damit sie nicht austrocknet. Den Schmorsud durch ein Sieb passieren und mithilfe eines Löffels das Fett abnehmen.

- Die Kartoffelstärke mit etwas Wasser anrühren und die Sauce unter kräftigem Rühren abbinden. Mit Salz und Pfeffer abschmecken.

Auf der nächsten Seite geht es weiter

ALLERGENE: SELLERIE | FLEISCH | FÜR 4 PERSONEN

VORBEREITUNGSZEIT: 1 STUNDE | ZUBEREITUNGSZEIT: 2,5 STUNDEN

EINGELEGTE PILZE

- 450 g Kräuterseitlinge
- 3 EL Olivenöl
- 1 EL Apfelessig
- 1 EL dunkler Balsamico
- Saft von 1 Zitrone
- Salz
- frisch gemahlener schwarzer Pfeffer
- 3 Zweige Thymian
- 1 Knoblauchzehe

TOPINAMBURSTAMPF

- 500 g Topinambur
- Meersalz
- 2 EL braune Butter
- frisch gemahlener weißer Pfeffer

ANRICHTEN

- Aluminiumfolie
- 20 g Räuchermehl

EINGELEGTE PILZE

- Die Kräuterseitlinge putzen und in Scheiben schneiden. Eine Grillpfanne aufstellen und heiß werden lassen. Die Scheiben mit Olivenöl bepinseln und sofort in der Pfanne grillen. Anschließend auf einem Blech verteilen und mit Apfelessig, Balsamico, Olivenöl, Zitronensaft, Salz, Pfeffer und gehacktem Thymian sowie Knoblauch marinieren.

TOPINAMBURSTAMPF

- Den Topinambur schälen und in Salzwasser gar kochen. Das Kochwasser aufheben. In einem Topf die Butter aufschäumen lassen und den Topinambur darin kurz schwenken. Den Topinambur grob stampfen. Mit Salz, Pfeffer und dem aufgehobenen Kochwasser abschmecken.

ANRICHTEN

- Die Aluminiumfolie zu einem Nest formen und den Topinambur vor dem Abschmecken darauflegen. Das Räuchermehl in einen Topf geben und zum Glühen bringen, das Nest mit dem zerdrückten Topinambur darauf platzieren, den Deckel auf den Topf legen und circa 10 Minuten räuchern lassen.

RINDERFILET WELLINGTON
KARTOFFELKRAPFEN

Wofür ich wirklich alles – und ich meine wirklich alles – stehen lasse, sind richtig tolle Pommes Dauphine. Sie müssen richtig abgeschmeckt sein und knusprig – herrlich!

FILET WELLINGTON

- 900 g pariertes Rinderfilet (Mittelstück)
- Meersalz
- frisch gemahlener weißer Pfeffer
- 1 EL Traubenkernöl + etwas mehr für die Schalotten
- 450 g Kräuterseitlinge
- 4 Zweige Thymian
- 4 Schalotten
- 1 große Rolle Blätterteig (ca. 280 g am Stück)
- 2 Eigelb
- 50 ml Milch

FILET WELLINGTON

- Das Filet mit Salz und Pfeffer würzen und kurz von allen Seiten mit dem Öl anbraten, damit das Eiweiß denaturiert und der Fleischsaft nicht austreten kann. Das Filet zur Seite legen und kühl stellen.

- Die Kräuterseitlinge putzen und fein hacken.

- 4 Zweige Thymian zupfen, die Schalotten schälen, fein würfeln und alles in einer Pfanne mit Traubenkernöl anschwitzen, bis keine Flüssigkeit mehr austritt.

- Klarsichtfolie auf einer Arbeitsfläche ausbreiten. Die Pilze gleichmäßig darauf verteilen und das Filet in die Mitte legen. Das Filet in der Folie einschlagen, sodass es komplett mit den Pilzen umschlossen ist und es so Stabilität gewinnt. Für 30 Minuten kalt stellen.

- Den Blätterteig ausbreiten, das Filet vorsichtig aus der Folie nehmen und auf den Blätterteig setzen. Mit dem Blätterteig vollständig ummanteln. Das Eigelb mit der Milch verrühren und den Blätterteig mit damit versiegeln. Optional mit einem zweiten Stück Blätterteig mit Ornamenten versehen. Im vorgeheizten Backofen bei 180 °C (Umluft) 20 Minuten und dann 10 weitere Minuten bei 160 °C garen, bis das Fleisch eine Kerntemperatur von circa 52 °C hat. Die Garzeit kann je nach Stärke des Rinderfilets variieren.

Auf der nächsten Seite geht es weiter

ALLERGENE: WEIZEN, EI, MILCHERZEUGNISSE | FLEISCH | FÜR 5 PERSONEN

VORBEREITUNGSZEIT: 4 STUNDEN | ZUBEREITUNGSZEIT: 30 MINUTEN

SAUCE

- Bratensatz
- 90 ml Madeira
- 150 ml Rotwein
- 400 ml Rinderfond
- 6 Zweige Thymian
- 2 Lorbeerblätter
- 40 g Butter

KARTOFFELKRAPFEN

- 1 kg mehligkochende Kartoffeln
- Salz
- 200 ml Milch
- 30 g Butter
- 100 g Mehl
- 2 Eier
- frisch gemahlener schwarzer Pfeffer
- Muskatnuss
- 1 l Öl zum Frittieren

SAUCE

- In der Pfanne, in der das Filet gebraten wurde, Madeira und Rotwein auf ein Viertel reduzieren. Den Rinderfond hinzugeben und auf 200 Milliliter reduzieren. Mit Thymian und Lorbeerblättern aromatisieren und die Butter unter Schwenken in die Sauce einarbeiten, um diese zu binden.

KARTOFFELKRAPFEN

- Die Kartoffeln waschen, ungeschält in kaltem Salzwasser aufstellen und gar kochen.

- Milch und Butter in einem Topf aufkochen und dann das Mehl einarbeiten, bis ein kompakter Kloß entsteht. Diesen so lange im Topf auf der Herdplatte bewegen, bis sich ein weißer Belag am Topfboden bildet. Diesen Vorgang nennt man »abbrennen« (Brandteig). Dann sofort die zwei Eier nacheinander mit einem Handrührgerät einarbeiten.

- Die gekochten Kartoffeln pellen und durch eine Kartoffelpresse in eine separate Schale pressen und circa 10 Minuten ausdämpfen lassen. Dann den Brandteig unter die Kartoffelmasse heben und mit Salz, Pfeffer und Muskatnuss abschmecken. Nun ist die fertige Kartoffel-Krapfen-Masse fertig.

- Einen Topf mit reichlich Öl aufstellen und auf 180 °C erhitzen, sodass die Kartoffel-Krapfen-Masse schwimmend ausgebacken werden kann. Mit zwei Löffeln Nocken formen und diese in 1–2 Minuten goldbraun ausbacken.

ANRICHTEN

- Das Filet in Scheiben schneiden und mit den Krapfen auf Teller geben. Die Sauce dazu reichen.

LAMMSCHULTER
KAPERN, OLIVE, GRÜNER SPARGEL

LAMMSCHULTER

- 160 g Champignons
- 300 g Kirschtomaten
- 2 Gemüsezwiebeln
- 1 Fenchelknolle
- 600 g kleine Kartoffeln
- 200 g Karotten
- 1 Lammschulter (circa 1,9 kg)
- Meersalz
- frisch gemahlener weißer Pfeffer
- 3 EL Olivenöl
- 150 g Oliven ohne Kern
- 190 g Kapernäpfel
- 800 ml Lammfond

GRÜNER SPARGEL

- 450 g grüner Spargel

ANRICHTEN

- 1 Topf Basilikum

LAMMSCHULTER

- Die Champignons putzen, die Kirschtomaten waschen, die Gemüsezwiebeln schälen und sechsteln, Fenchelknolle halbieren und den Strunk entfernen, die Kartoffeln waschen, halbieren und die Karotten schälen und schneiden.
- Die Lammschulter in einem Bräter mit Olivenöl circa 5 Minuten von allen Seiten anbraten. Mit weißem Pfeffer und Meersalz würzen.
- Die Lammschulter aus dem Bräter nehmen und jeweils einzeln die geputzten Champignons, Kirschtomaten, Gemüsezwiebeln, Karotten, Fenchel und Kartoffeln anbraten, mit Salz und Pfeffer würzen und mit der Lammschulter wieder in den Bräter geben.
- Oliven und Kapernäpfel anschließend hinzugeben.
- Den Ofen auf 160 °C (Umluft) vorheizen. Den Fond zur Lammschulter geben, sodass sie zu einem Drittel damit bedeckt ist, und im Backofen circa 2,5 Stunden garen.
- Die Lammschulter alle halbe Stunde einmal umdrehen und mit Sud begießen, so lange, bis sie fertig gegart ist. Damit wird die Lammschulter schön saftig.

GRÜNER SPARGEL

- Die holzigen Enden vom Spargel abschneiden und das letzte Drittel schälen.
- 10 Minuten bevor die Lammschulter fertig ist, den Spargel kurz anbraten und dann zur Lammschulter in den Ofen geben.

ANRICHTEN

- Direkt aus dem Bräter servieren und mit Basilikumblättern ausgarnieren.

ALLERGENE: KEINE | OMNIVOR | FÜR 6 PERSONEN

VORBEREITUNGSZEIT: 70 MINUTEN | ZUBEREITUNGSZEIT: 2,5 STUNDEN

REHRAGOUT
SPÄTZLE, ROSENKOHL, HASELNUSS

GEWÜRZSÄCKCHEN

- 1 Teebeutel
- 2 Wacholderbeeren
- 2 Lorbeerblätter
- 3 Nelken
- 3 Pimentkörner
- 1 TL Koriandersaat
- 1 TL weiße Pfefferkörner

RAGOUT

- 2 EL Traubenkernöl
- 1,2 kg Rehragout aus der Schulter
- 2 Schalotten
- 1 Knoblauchzehe
- 1 EL Tomatenmark
- 100 ml Sherry
- 100 ml Madeira
- 150 ml Rotwein
- 1 l Wildfond
- Gewürzsäckchen (siehe Teilrezept)
- 250 g Karotten
- 500 g braune Champignons
- 5 Stangen Staudensellerie
- 250 g Rosenkohl
- Meersalz
- frisch gemahlener weißer Pfeffer

GEWÜRZSÄCKCHEN

- Für den Gewürzsack die Gewürze in den Teebeutel geben und diesen verknoten.

RAGOUT

- In einem Topf mit großer Fläche das Öl erhitzen und dann das ungewürzte Ragout hineingeben. Von allen Seiten rösten.
- In der Zwischenzeit die Schalotten schälen und in feine Würfel schneiden. Den Keimling aus der Knoblauchzehe entfernen und diese in feine Würfel schneiden. Schalotten und Knoblauch zum Fleisch geben kurz anschwitzen, das Tomatenmark hinzugeben und anrösten.
- Zuerst mit Sherry ablöschen und warten, bis er verdampft ist. Dann mit Madeira und Rotwein ebenso verfahren. Danach mit dem Fond aufgießen und das Gewürzsäckchen hinzugeben.
- Die Karotten schälen und in grobe Stücke schneiden. Die Champignons putzen, den Stiel entfernen und je nach Größe vierteln oder achteln. Den Staudensellerie waschen und grob schneiden, gegebenenfalls Fäden ziehen. Den Rosenkohl putzen und in Salzwasser bissfest kochen. Anschließend mit den Karotten, den Champignons und dem Staudensellerie unter das Ragout heben und mit Salz und Pfeffer würzen.

Auf der nächsten Seite geht es weiter

ALLERGENE: WEIZEN, EI, HASELNUSS, SELLERIE | FLEISCH | FÜR 6 PERSONEN

ZUBEREITUNGSZEIT: 1 STUNDE UND 15 MINUTEN | VORBEREITUNGSZEIT: 1,5 STUNDEN

SPÄTZLE

- 10 Eier
- 500 g Weizenmehl, Type 405
- 20 g Meersalz
- 90 ml Sprudelwasser
- 75 g Butter
- 2 El Haselnussgries
- frisch gemahlener weißer Pfeffer

SPÄTZLE

- Für den Spätzleteig die Eier in einer Schüssel kurz anschlagen. Anschließend das Mehl hinzufügen. Salz und Wasser dazugeben und mit der Hand oder einem Kochlöffel zu einer homogenen Masse schlagen.

- Für die Spätzle einen großen Topf bis zum Rand mit Wasser befüllen und salzen. Aufkochen lassen. Eine Schüssel mit Eiswasser bereitstellen. Über ein flaches Brett den Teig nach und nach mittels einer Palette in das siedende Wasser schaben.

- Die Butter in der Pfanne aufschäumen lassen und das Haselnussgries mitrösten. Danach die Spätzle hinzugeben und durchschwenken. Mit Salz und Pfeffer abschmecken.

ANRICHTEN

- Das Ragout und die Spätzle auf zwei Schüsseln verteilen und servieren. Wie bei vielen Wildgerichten passen hierzu gut Preiselbeeren (siehe Foto Seite 97).

- **Tipp:** Kochen Sie gleich eine größere Menge Ragout und wecken Sie es ein. So haben Sie ein schnelles Gericht, für das Sie nur noch eine Beilage (zum Beispiel Pasta oder Spätzle) kochen müssen.

KAFFEETRINKEN

SÜSSE FAMILIENREZEPTE FÜR DIE PAUSE AM NACHMITTAG

Ich weiß ja nicht, wie es Ihnen geht. Aber nach einem herzhaften Mittagessen kommt spätestens zwei Stunden später doch der Jieper auf Süßes. Und noch stärker werden diese Gelüste, wenn man sich körperlich betätigt hat, zum Beispiel nach einem langen Spaziergang am Strand. Das kann bei Wind und Wetter durchaus anstrengend sein und man kommt quasi mit dem Gefühl zurück, sich sofort und ohne Umschweife ein Stück Kuchen mit Sahne verdient zu haben. Mindestens. Die folgenden Rezepte kommen aus ganz verschiedenen Familien. Viel Spaß beim Probieren!

Und genau dafür gibt es ganz herrliche Familienklassiker, die bei besonderen Anlässen zum Einsatz kommen – etwa Omas Apfelkuchen oder Mamas Käsekuchen, den garantiert nur sie so kann.

Wir haben diese köstlichen Kalorienbomben gesammelt. Dabei hat jeder sein persönliches Lieblingsrezept zur Verfügung gestellt – primär für die kalte Jahreszeit, wenn man gemeinsam im Warmen sitzt, aber ich finde ja, dass Süß immer geht. Wie die beliebten Friesenkekse, die hier auf der Insel natürlich zum Pflichtprogramm gehören.

Aber auch der Butterkuchen meiner Mama Lisa verdient es eindeutig, in diese Rezeptsammlung aufgenommen zu werden. Und natürlich und unbedingt Marlenes Bärchentorte – der Liebling meiner kleinen Tochter, der immer wieder ein Renner ist.

Ach, und nicht vergessen: Wir Nordfriesen trinken dazu Tee mit Klüntjes – das ist der Kandiszucker – und einem Schuss Milch. Aber ein frisch gebrühter Kaffee ist natürlich auch nicht zu verachten.

MARLENES BÄRCHENTORTE
HIMBEER, SCHOKOLADE, BUTTERCREME

Zum zweiten Geburtstag meiner Tochter habe ich diese Torte gemacht, auf der natürlich ganz viel Schokolade nicht fehlen darf. Inzwischen ist sie ein echter Evergreen und ich mache sie zu jedem Geburtstag.

DUNKLER SCHOKOLADENBODEN

- 150 g dunkle Schokolade
- 100 g weiche Butter + etwas mehr für die Backform
- 100 g Mehl + etwas mehr für die Backform
- 120 g Zucker
- 1 TL Vanillezucker
- 3 Eier
- 25 g Speisestärke
- 1 EL Backpulver

HELLER SCHOKOLADEN-KUCHEN

- 150 g weiße Schokolade
- 100 g weiche Butter
- 100 g Mehl
- 120 g Zucker
- 1 TL Vanillezucker
- 3 Eier
- 25 g Speisestärke
- 1 EL Backpulver

BUTTERCREME

- 500 ml Milch
- 4 Eigelb
- 40 g Stärke
- 2 TL Vanillezucker
- 200 g Zucker
- 500 g weiche Butter
- 2 EL Kakaopulver

DUNKLER SCHOKOLADENBODEN

- Die dunkle Schokolade in einer Schüssel über einem Wasserbad schmelzen.
- Eine Springform buttern und leicht mehlieren. Den Backofen auf 175 °C (Umluft) vorheizen.
- Zucker, Vanillezucker, Eier, Butter, Mehl, Stärke und Backpulver zu einem homogenen Teig verrühren. Die geschmolzene Schokolade unter den Teig rühren und in eine Springform (26 Zentimeter Durchmesser) mit einem heißen Löffel glatt streichen. Den Boden bei 175 °C Umluft für circa 25 Minuten backen. Nach dem Backen den Boden komplett auskühlen lassen.

HELLER SCHOKOLADENKUCHEN

- In der Zwischenzeit den nächsten Boden vorbereiten. Diesen eins zu eins wie den dunklen Boden zubereiten.

BUTTERCREME

- Eine Hälfte der Milch mit Eigelb, Stärke und Vanillezucker glatt rühren. Die andere Hälfte Milch mit Zucker aufkochen, die Hitze reduzieren und die Milch-Eigelb-Masse einrühren. So lange die Hitze aufrechterhalten, bis eine cremige Konsistenz entstanden ist. Die entstandene Creme vollständig im Kühlschrank abkühlen lassen.
- In der Zwischenzeit die Butter cremig aufschlagen. Die Butter zusammen mit der Creme und dem Kakaopulver verrühren.

HINWEIS

- Die Buttercreme muss zum Weiterverarbeiten bei Zimmertemperatur gelagert werden, sonst lässt sie sich nicht verstreichen.

Auf der nächsten Seite geht es weiter

ALLERGENE: WEIZEN, EI, MILCHERZEUGNISSE | VEGETARIER | FÜR 12 PERSONEN

VORBEREITUNGSZEIT: 3 STUNDEN | ZUBEREITUNGSZEIT: 2 STUNDEN (INKLUSIVE BACK- UND RUHEZEIT)

TORTE SCHICHTEN UND ZUSAMMENBAUEN

- 150 g Himbeer-Rhabarber-Konfitüre (saisonal wandelbar)
- 40 g Marzipanrohmasse
- ½ TL Kakaopulver

HINWEIS

- Die Torte muss vor dem Verzehr mindestens 4 Stunden im Kühlschrank vollständig durchkühlen.

TORTE FERTIGSTELLEN

DUNKLER BODEN

- Den dunklen Boden in der Mitte nach waagerecht halbieren und mit einem Ring (20 Zentimeter Durchmesser) ausstechen.

- Die Abschnitte mit den Händen zerbröseln und aufbewahren.

HELLER BODEN, BÄRENNASE, BÄRENOHREN

- Den hellen Boden ebenfalls waagerecht halbieren. Eine Hälfte mit dem Ring (20 Zentimeter Durchmesser) ausstechen.

- Aus der anderen Hälfte des hellen Teigbodens 8 Kreise mit einem Durchmesser von 8 Zentimetern ausstechen. 2 von den 8-Zentimeter-Kreisen für die Bärennase verwenden.

- Mit einem Ausstecher von den anderen 6 Kreisen Drittel ausstechen, sodass größere Halbmonde entstehen. Das ergeben die Ohren. Die hellen Abschnitte ebenfalls klein bröseln.

TORTE SCHICHTEN

KOPF

- Die erste Hälfte des dunklen Bodens mit der Konfitüre bestreichen. Im Anschluss eine dünne Schicht Buttercreme aufstreichen. Darauf den hellen Boden setzen und ebenfalls mit der Konfitüre sowie der Buttercreme bestreichen. Als Deckel die zweite Hälfte des dunklen Bodens aufsetzen.

OHREN

- Je 3 Halbmonde ebenfalls wie bei den Böden beschrieben einstreichen. Die Ohren an den Kopf ansetzen.

- Anschließend den Kopf von allen Seiten mit Buttercreme einstreichen.

- Die dunklen Brösel zum Ummanteln der gesamten Torte verwenden – sie ergeben sozusagen das braune Fell. 2 TL der hellen Brösel bilden die Ohrmuschel.

NASE

- Die 2 Kreise wieder mit Konfitüre und Buttercreme einstreichen. Die Nase mit hellen Bröseln bestreuen. Die Nase auf der Torte platzieren.

MARZIPANAUGEN UND NASE

- ⅓ der Marzipanrohmasse mit Kakaopulver einfärben. Aus der hellen und dunklen Marzipanmasse Augen und Nase modellieren.

VANILLEKIPFERL

Wir haben uns zusammengesetzt und jeder sollte seine absoluten Lieblingskeks-rezepte aus seiner Familie aufschreiben. Daraus haben wir uns dann die besten rausgesucht und so haben wir nun eine bunte Mischung aus ganz verschiedenen Familien.

ZUTATEN

- 140 g Weizenmehl, Type 405
- 110 g kalte Butter
- 70 g gemahlene Haselnüsse
- 40 g Puderzucker
- 1 Prise Salz
- 1 Vanilleschote

ZUBEREITUNG

- Das Mehl sieben und die kalte Butter in Würfel schneiden. Alle Zutaten in einer Schüssel miteinander verkneten, bis ein homogener Teig entstanden ist. Den Teig in Klarsichtfolie einschlagen und für circa 1 Stunde im Kühlschrank aufbewahren. Anschließend vom Teig 20 Gramm abnehmen und zwischen den Händen zu einem Vanillekipferl formen und so weiter verfahren, bis der Teig aufgebraucht ist.

- Den Backofen auf 175 °C (Umluft) vorheizen und die Vanillekipferl 12 Minuten backen.

ALLERGENE: WEIZEN, EI, MILCHERZEUGNISSE, HASELNUSS | VEGETARISCH | ERGIBT CA. 20 STÜCK

VORBEREITUNGSZEIT: 35 MINUTEN | RUHEZEIT: 1 STUNDE | ZUBEREITUNGSZEIT: 12 MINUTEN

KARAMELLKEKSE

TEIG

- 250 g Weizenmehl, Type 405
- 175 g kalte Butter
- 85 g Zucker
- 30 g Speisestärke
- 1 Prise Salz

TOPPING

- Karamellbonbons
- 150 g dunkle Schokolade

ZUBEREITUNG

- Das Mehl in eine Schüssel sieben, die Butter würfeln und dazugeben. Zucker, Stärke und 1 Prise Salz hinzugeben. Zu einem homogenen Teig kneten und dann in Klarsichtfolie eingeschlagen im Kühlschrank 1 Stunde kühl stellen.

- Die Karamellbonbons halbieren und zur Seite stellen.

- Den Teig zu kleinen Kugeln von circa 20 Gramm formen und dann mit der Hand auf einem mit Backpapier ausgelegten Backblech leicht platt drücken.

- Den Backofen auf 180 °C (Umluft) vorheizen und die Kekse 12 Minuten backen. Dann kurz aus dem Ofen nehmen und auf jeden Keks eines der halbierten Bonbons legen, anschließend 6 Minuten weiterbacken. Danach die Kekse komplett auskühlen lassen und währenddessen über einem Wasserbad die Schokolade schmelzen. Die Schokolade mit einem Löffel über die Kekse geben.

ALLERGENE: WEIZEN, MILCHERZEUGNISSE | VEGETARISCH | ERGIBT 25 STÜCK

VORBEREITUNGSZEIT: 35 MINUTEN | RUHEZEIT: 1 STUNDE | ZUBEREITUNGSZEIT: 25 MINUTEN

FRIESENKEKSE

ZUTATEN

- 200 g Weizenmehl, Type 405
- 50 g Stärke
- 75 g Zucker + etwas mehr zum Wälzen
- 1 TL Vanillezucker
- 1 Eigelb
- 1 Prise Salz
- 150 g kalte Butter

ZUBEREITUNG

- Das Mehl in eine Schüssel sieben. Stärke, Zucker, Vanillezucker, Eigelb, Salz und die Butter – in Würfel geschnitten – dazugeben. Alle Zutaten kneten, bis ein homogener Teig entsteht. Den Teig zu einer Rolle von circa 3 Zentimeter Durchmesser formen. In Klarsichtfolie einschlagen und im Kühlschrank circa 1 Stunde kühl stellen.

- Den Backofen auf 170 °C (Umluft) vorheizen.

- Die Teigrolle im Zucker wälzen und mit einem Messer runde Kekstaler mit einer Stärke von circa 1,5 Zentimeter schneiden.

- Die Kekse auf ein mit Backpapier ausgelegtes Backblech legen und im vorgeheizten Ofen 15 Minuten backen.

ALLERGENE: WEIZEN, EI | VEGETARISCH | ERGIBT CA. 30 STÜCK

VORBEREITUNGSZEIT: 30 MINUTEN | RUHEZEIT: 1 STUNDE | ZUBEREITUNGSZEIT: 15 MINUTEN

APFELKRAPFEN
VANILLESAUCE

Das ist auch ein Klassiker, den wir viele Jahre im Söl'ring Hof an Silvester nach Mitternacht an unsere Hotelgäste verteilt haben. Es ist ein ganz altes Rezept, das noch von Johannes King stammt. Insofern ist es auch eine Hommage an ihn.

APFELKRAPFEN

- 1 Tasse schwarzer Tee
- 40 g Rosinen
- 125 ml Milch
- 35 g Zucker + etwas mehr zum Wälzen
- 250 g Weizenmehl, Type 405
- 25 g frische Hefe
- 50 g gemahlene Haselnüsse
- 2 Eier
- etwas geriebene Zitronenschale
- 1 Prise Meersalz
- 10 ml Calvados
- 2 Äpfel (Braeburn)
- 50 ml Sahne
- geklärte Butter zum Ausbacken
- Zimt

VANILLESAUCE

- 125 ml Milch
- 125 ml Sahne
- 1 Vanilleschote
- 3 Eigelb
- 45 g Zucker

APFELKRAPFEN

- Zuerst den Schwarztee kochen und die Rosinen darin einweichen.
- Milch und Zucker leicht erwärmen, das Mehl in eine Schüssel sieben und in die Mitte eine Mulde drücken. In die Mulde die warme Zuckermilch geben und die Hefe hineinbröseln. An einem warmen Ort abgedeckt 10 Minuten gehen lassen.
- Die gemahlenen Haselnüsse, Rosinen, Eier, Zitronenabrieb, Salz und Calvados hinzufügen. Die Äpfel schälen, entkernen und in feine Blätter schneiden. Diese dann unter den Teig heben. Das Ganze abgedeckt an einem warmen Ort noch mal ruhen lassen, bis sich das Volumen verdoppelt hat. Die Sahne aufschlagen und unterheben.
- Mit einem Esslöffel den Teig portionsweise abstechen und in geklärter Butter bei circa 170 °C ausbacken, bis die Apfelkrapfen goldbraun sind. Auf Küchenpapier kurz entfetten. Ein Krapfen kann zur Probe aufgeschnitten werden, um zu sehen, ob er innen durchgebacken ist. Sollte er roh sein, den Krapfen im Ofen einige Minuten bei 170 °C weiterbacken.
- Zucker und Zimt im Verhältnis 3 zu 1 mischen und die fertig gebackenen Krapfen darin wälzen und direkt verzehren.

VANILLESAUCE

- Milch und Sahne mit dem Mark der Vanilleschote aufkochen.
- Eigelb und Zucker zusammen über einem heißen Wasserbad schaumig schlagen, dabei darauf achten, dass das Wasser nicht kocht.
- Die Sahne-Milch-Mischung zuerst schlückchenweise zur Eimasse hinzufügen und dabei ständig weiterschlagen. Sobald die Hälfte eingearbeitet wurde, den Rest hinzugeben.
- Unter ständiger Hitze weiterschlagen, bis die Sauce cremig ist.

ALLERGENE: WEIZEN, EI, MILCHERZEUGNISSE, HASELNUSS | VEGETARISCH | FÜR 12 PERSONEN

VORBEREITUNGSZEIT: 60 MINUTEN | ZUBEREITUNGSZEIT: 25 MINUTEN | RUHEZEIT: CA. 30 MINUTEN

BERLINER
MIT PFLAUMEN-GEWÜRZ-MARMELADE

BERLINER

- 250 g Weizenmehl, Type 405 + etwas mehr für die Arbeitsfläche
- 50 g Milch
- 50 g Zucker
- 21 g Hefe
- 2 Eier
- 1 Eigelb
- 125 g Butter
- 1 Vanilleschote
- 1 Prise Fleur de Sel
- geklärte Butter zum Ausbacken
- Pflaumen-Gewürz-Marmelade
- etwas Puderzucker

PFLAUMEN-GEWÜRZ-MARMELADE

- 350 g Pflaumen
- 25 g Zucker
- 1 Vanilleschote
- ½ Zitrone
- 1 Sternanis
- ½ Zimtstange
- 50 ml Rotwein
- 10 ml brauner Rum
- 15 g Gelierzucker

VORTEIG

- Das Mehl sieben und in eine Schüssel geben. In die Mitte eine Mulde drücken. Milch und Zucker erwärmen und die Hefe hineinbröseln. Diese Flüssigkeit in die Mulde geben und die Schüssel abgedeckt an einem warmen Ort 15 Minuten gehen lassen.

TEIG

- Dann die Eier, das Eigelb, die Butter, das Mark der Vanilleschote und 1 Prise Salz zum Vorteig dazugeben und 3–5 Minuten zu einem homogenen Teig verkneten. Danach erneut 10 Minuten an einem warmen Ort abgedeckt gehen lassen.

- Auf einer mehlierten Fläche den Teig zu einer Rolle formen. Davon 9 gleich große Portionen abtrennen, gleichmäßig rund formen und auf Backpapier setzen. Die Berliner abgedeckt 25 Minuten ruhen lassen.

- Die Berliner in geklärter Butter bei 180 °C von beiden Seiten jeweils circa 30 Sekunden backen, herausnehmen und für 8 Minuten im vorgeheizten Ofen bei 180 °C (Umluft) weiterbacken.

- Die Berliner mit Pflaumen-Gewürz-Marmelade füllen. Es kann auch eine andere Marmelade oder Konfitüre für die Füllung verwendet werden. Zum Schluss mit Puderzucker abpudern.

PFLAUMEN-GEWÜRZ-MARMELADE

- Die Pflaumen waschen, entkernen, in grobe Würfel schneiden.

- Den Zucker in einem Topf mit 1 Spritzer Wasser zum Karamell kochen. Die Pflaumen hinzugeben und kurz mit anschwitzen. Die Gewürze dazugeben und mit Rotwein und Rum ablöschen. Die Pflaumen zu einem Kompott kochen. Die Gewürze herausnehmen, den Gelierzucker einrühren und 2 Minuten köcheln lassen.

- Die Pflaumen-Gewürz-Marmelade abfüllen und abkühlen lassen.

ALLERGENE: WEIZEN, EI, MILCHERZEUGNISSE | VEGETARISCH | FÜR 9 PERSONEN

BERLINER VORBEREITUNGSZEIT: 20 MINUTEN | ZUBEREITUNGSZEIT: 15 MINUTEN | RUHEZEIT: 50 MINUTEN

PFLAUMEN-GEWÜRZ-MARMELADE VORBEREITUNGSZEIT: 20 MINUTEN | ZUBEREITUNGSZEIT: 20 MINUTEN

CLAFOUTIS

ZUTATEN

- 20 g Butter + etwas mehr für das Einfetten der Cocotte
- 4 Eier
- 90 g Zucker
- 100 g Weizenmehl, Type 405 + etwas mehr für die Cocotte
- 250 g Milch
- 1 Prise Salz
- 125 g Crème fraîche
- 1 Vanilleschote
- Abrieb von 2 Limetten
- 1 Schuss Kirschwasser
- 300 g eingelegte oder frische Herzkirschen

ZUBEREITUNG

- Die Butter in einem Topf erhitzen, bis sie goldbraun wird.
- Die Eier trennen, das Eiweiß steif schlagen und beiseitestellen.
- Die Hälfte des Zuckers zusammen mit dem Eigelb schaumig schlagen.
- Mehl, Milch, die andere Hälfte des Zuckers und 1 Prise Salz dazugeben, danach glatt rühren. Die braune Butter, Crème fraîche und das Mark der Vanilleschote untermengen. Anschließend den Limettenabrieb und 1 Schuss Kirschwasser dazugeben. Zuletzt das Eiweiß unterheben.
- Den Ofen auf 180 °C (Umluft) vorheizen. Eine Cocotte buttern und mehlieren und zwei Drittel der Masse darin 8 Minuten im Ofen anbacken. Danach die Kirschen darauf verteilen und mit dem restlichen Teig abdecken und weitere 12 Minuten backen.
- Direkt heiß verzehren, da die Clafoutis mit der Zeit zusammenfallen.

ALLERGENE: WEIZEN, EI, MILCHERZEUGNISSE | VEGETARISCH | FÜR 8 PERSONEN

VORBEREITUNGSZEIT: 20 MINUTEN | ZUBEREITUNGSZEIT: 20 MINUTEN

ORANGEN-INGWER-TEE

MUSKATBLÜTE, KARDAMOM, MINZE

Eigentlich bin ich kein großer Teetrinker. Aber vor einigen Jahren eröffnete in Rantum ein wunderschönes Café und ich bestellte mir einen Orangen-Ingwer-Tee, der seither fest zu meinen Empfehlungen gehört und den ich auch meinen Gästen anbiete.

ZUTATEN

- 3 Orangen
- 1 Zitrone
- 300 ml Wasser
- 7 Kardamomkapseln
- 3 Muskatblüten
- 60 g Honig
- 35 g frischer Ingwer
- 3 Zweige Minze

ZUBEREITUNG

- Die Zesten von 2 Orangen und 1 Zitrone abschneiden. Die Orangen und Zitronen halbieren und auspressen.
- Den Saft mit Wasser, Kardamom, Muskatblüten und Honig erhitzen, aber nicht kochen.
- Den Ingwer in feine Scheiben schneiden, die Minze und die Zesten in die Teekanne geben und mit dem Tee aufgießen. 5 Minuten ziehen lassen.

ALLERGENE: KEINE | VEGAN | FÜR 2 PERSONEN

ZUBEREITUNGSZEIT: 15 MINUTEN | ZIEHZEIT: 5 MINUTEN

LISAS SCHNELLER
BUTTERKUCHEN

Früher hieß der Kuchen in meiner Familie »Evas schneller Butterkuchen«. In Vorbereitung zu diesem Buch sprach ich meine Mutter an, wer denn eigentlich diese Eva nun sei. Ihre Antwort: »Keine Ahnung. Schon meine Mutter nannte ihn so.« Wer auch immer Eva war. Da ich den Kuchen aber immer von meiner Mutter bekam, war es für mich nur logisch, das Rezept ab jetzt nach ihr zu benennen.

TEIG

- 500 ml (= 2 Becher) Sahne
- 2 Becher Zucker
- 2 Vanilleschoten
- 4 Becher Weizenmehl, Type 405 + etwas mehr für das Backblech
- 2 Päckchen Backpulver
- 2 Prisen Salz
- Abrieb von 3 Zitronen
- etwas Butter zum Einfetten des Backblechs

BELAG

- 250 g Butter
- 2 Becher Zucker
- 8 EL Milch
- 400 g gestiftete Mandeln

ZUBEREITUNG

- Den Backofen auf 200 °C (Umluft) vorheizen.
- Alle Zutaten für den Teig zu einer homogenen Masse verarbeiten und diese auf ein gefettetes und mehliertes Backblech mit hohem Rand geben und verstreichen. In den Ofen geben und 10 Minuten backen.
- In der Zwischenzeit die Zutaten für den Belag vermengen. Hierfür die Butter mit dem Zucker schaumig schlagen. Zuletzt die Milch und die Mandeln unter die aufgeschlagene Buttermasse heben.
- Nach 10 Minuten Backzeit den Belag auf den Kuchen streichen und weitere 10 Minuten backen.

TIPP

- Dieser Kuchen schmeckt frisch aus dem Ofen am besten, er eignet sich nicht zur Zubereitung am Vortag.

ALLERGENE: WEIZEN, MILCHERZEUGNISSE, MANDELN | VEGETARISCH | FÜR 12 PERSONEN

VORBEREITUNGSZEIT: 25 MINUTEN | ZUBEREITUNGSZEIT: 20 MINUTEN

KÄSEKUCHEN

MÜRBETEIG-BODEN

- 250 g Weizenmehl, Type 405 + etwas mehr zum Mehlieren der Backform
- 2 Eigelb
- 150 g weiche Butter + etwas mehr zum Einfetten der Backform
- 90 g Puderzucker

FÜLLUNG

- 500 g Quark
- 100 g Frischkäse
- 100 g Zucker
- 1 Vanilleschote
- 1 Prise Salz
- 250 g Butter
- Abrieb und Saft von 2 Zitronen
- 2 EL Speisestärke
- 500 ml Sahne

MÜRBETEIG-BODEN

- Das Mehl in eine Schüssel sieben. Die Eigelbe, Butter und Puderzucker hinzugeben und alles zu einem homogenen Teig kneten. Diesen kalt stellen, bis er vollständig durchgekühlt ist.

FÜLLUNG

- Den Quark mit Frischkäse, Zucker, Mark der Vanilleschote und 1 Prise Salz vermischen. Die Butter in einem Topf schmelzen. Den Abrieb von 2 Zitronen der Masse zugeben, die Zitronen auspressen und den Saft mit der Speisestärke anrühren.

- Ein Viertel der Quarkmasse mit der Speisestärke verrühren und wieder zurück zur restlichen Quarkmasse hinzugeben, so entstehen keine Klumpen. Danach die flüssige Butter untermengen. Die Sahne steif schlagen und zum Schluss unter die Quarkmasse heben.

- Den Ofen auf 160 °C (Umluft) vorheizen.

- Den Mürbeteig aus dem Kühlschrank nehmen und mit einem Nudelholz circa 0,3 Zentimeter dick ausrollen. Die Springform (26 Zentimeter Durchmesser) buttern und mehlieren. Die Springform mit dem ausgerollten Teig auskleiden. Den Boden mit einer Gabel anstechen. Die Füllung in die Form geben und im vorgeheizten Backofen 10 Minuten backen.

- Danach mit einem Messer zwischen Teigrand und Quarkfüllung stechen. Der Käsekuchen »souffliert« beim Backen, das heißt, er geht auf und würde über den Rand der Springform laufen. Durch das Anstechen wird dies verhindert, sodass der Kuchen nicht in der Mitte reißt und gleichmäßig nach oben backen kann. Den Kuchen 50 Minuten weiterbacken.

- Den Kuchen nach dem Backen komplett auskühlen lassen – das dauert etwa 3 Stunden.

ALLERGENE: WEIZEN, EI, MILCHERZEUGNISSE | VEGETARISCH | FÜR 12 PERSONEN

VORBEREITUNGSZEIT: 35 MINUTEN | ZUBEREITUNGSZEIT: 70 MINUTEN | RUHEZEIT: CA. 3 STUNDEN

GRILLEN

VEGETARISCHE BEILAGEN

Ich glaube, zum Thema Grillen müssen wir gar nicht viel erklären. Wir lieben es alle. In unserem Brainstorming kam uns die Idee, Rezepte rund um Fleisch zu sammeln – also Beilagen und Dips, mit denen man das Ganze spannend aufpeppen kann. Denn jenseits von der üblichen Steaksauce und irgendeinem Quark zu Backkartoffeln gibt es doch noch jede Menge anderer leckerer Begleiter.

ORANGEN-SENF-SAUCE

ZUTATEN

- Abrieb und Saft von 1 Bio-Orange
- 2 EL grober Senf
- 2 EL Akazienhonig
- 2 EL Weißweinessig
- 150 ml Olivenöl
- 2 Zweige Koriander
- Salz
- frisch gemahlener weißer Pfeffer
- 10 g frischer Ingwer

ZUBEREITUNG

- Mit einer feinen Reibe die Zesten der Orange abreiben und in eine Schüssel geben. Die Orange halbieren, auspressen und den Saft dazugeben.

- Anschließend Senf, Honig und Essig dazugeben und verrühren. Nach und nach das Olivenöl mit einem Schneebesen einarbeiten.

- Die Korianderblättchen in feine Streifen schneiden und unterheben. Zum Schluss mit Salz, weißem Pfeffer und etwas geriebenem Ingwer abschmecken.

ANRICHTEN

- Die Sauce in einer Schlüssel servieren und mit frischem Koriander garnieren.

ALLERGENE: SENF | FÜR 10 PORTIONEN

ZUBEREITUNGSZEIT: 20 MINUTEN

DATTELCREME

ZUTATEN

- 125 g getrocknete Datteln
- 1 Knoblauchzehe
- 200 g Schmand
- 200 g Frischkäse
- 1 TL Harissapaste
- ½ TL Currypulver
- ½ TL Kreuzkümmel
- Meersalz
- frisch gemahlener weißer Pfeffer

ZUBEREITUNG

- Die Datteln entkernen und in feine Würfel schneiden. Den Knoblauch halbieren, den Keimling, falls vorhanden, entfernen, da dadurch das Knoblaucharoma viel harmonischer und milder wird. Danach den Knoblauch hacken und alles mit Schmand vermischen und den Frischkäse unterheben. Ein wenig von den gehackten Datteln für die Garnitur zurückhalten. Die restlichen Zutaten untermischen und mit etwas Meersalz und weißem Pfeffer abschmecken.

ANRICHTEN

- Die Dattelcreme in eine Schüssel geben und mit gehackten Datteln garnieren.

ALLERGENE: MILCHERZEUGNISSE, SOJA (GGF. IN HARISSA) | VEGETARISCH | FÜR 10 PORTIONEN

VORBEREITUNGSZEIT: 20 MINUTEN

BLAUBEER-BBQ-SAUCE

ZUTATEN

- 1 rote Zwiebel
- 1 Knoblauchzehe
- 1 EL Traubenkernöl
- 1 Apfel (Braeburn)
- 1 Tomate
- 2 EL dunkler Balsamico
- 60 ml Espresso
- 1 Messerspitze gemahlener Kreuzkümmel
- 1 Messerspitze Zimt
- ½ TL geräuchertes Paprikapulver
- 250 g Blaubeeren
- 1 EL Worcestershiresauce
- 1 TL frischer Ingwer (optional)
- 30 g brauner Zucker
- 120 ml Apfelsaft
- 1 EL Honig
- Salz
- frisch gemahlener weißer Pfeffer

ZUBEREITUNG

- Die Zwiebel und den Knoblauch schälen, den Knoblauchkeimling, wenn vorhanden, entfernen, da dadurch das Aroma harmonischer und milder wird. Beides fein hacken und in Öl glasig dünsten.

- Den Apfel schälen und fein würfeln, genauso die Tomate, und beides in den Topf geben und weiter anschwitzen. Danach mit Balsamico und Espresso ablöschen. Nach und nach die Gewürze, Blaubeeren, Worcestershiresauce, Ingwer (optional) und den braunen Zucker hinzugeben und mit Apfelsaft aufgießen. Bei wenig Hitze circa 60 Minuten kompottartig einkochen lassen. Mit Honig süßen und mit Salz und Pfeffer würzen.

ALLERGENE: FISCH, SOJA, SELLERIE (GGF. IN DER WORCHESTERSHIRESAUCE) | PESCETARISCH

VORBEREITUNGSZEIT: 20 MINUTEN | ZUBEREITUNGSZEIT: 60 MINUTEN

RADIESCHEN
KERBELMILCH-EMULSION

ZUTATEN

- 1 Topf Kerbel
- 50 ml Milch
- 3 Radieschen
- 200–250 ml Traubenkernöl
- 1 Spritze Weißweinessig
- Meersalz
- frisch gemahlener weißer Pfeffer
- etwas Zucker
- Abrieb von ½ Zitrone

ZUBEREITUNG

- Die Kerbelblättchen fein zupfen und die Stiele aufbewahren.

- Die Milch im Topf erwärmen.

- Die Kerbelstiele hacken und circa 10 Minuten in der Milch ausziehen lassen, um das Aroma an die Milch abzugeben.

- Die Radieschen waschen und grob auf einer Vierkantreibe raspeln. Die Radieschen mit 1 Spritzer Traubenkernöl, Weißweinessig sowie Salz, Pfeffer und etwas Zucker marinieren.

- Sobald die Milch im Kühlschrank ausgekühlt ist, durchsieben. Die Milch in einen schmalen Messbecher geben. Mit einem Mixstab die Milch mixen und tröpfchenweise Öl hinzugeben, bis eine cremige Konsistenz entsteht, die einer Mayonnaise ähnelt.

- Zum Schluss die Kerbelblätter dazugeben und weitermixen, bis die Emulsion eine schöne grüne Farbe bekommt. Mit Salz und Zitronenabrieb abschmecken.

ANRICHTEN

- Die Kerbelmilchemulsion in eine Schüssel geben und mit den geraspelten Radieschen und ein paar Kerbelblättern garnieren.

ALLERGENE: MILCHERZEUGNISSE | VEGETARISCH | FÜR 4 PERSONEN

VORBEREITUNGSZEIT: 20 MINUTEN | ZUBEREITUNGSZEIT: 15 MINUTEN

SPINATSALAT
MIT CHILI UND SESAM

ZUTATEN

- 30 g Sesam
- 50 ml Traubenkernöl
- 4 EL Sesamöl
- 1 ½ EL Teriyakisauce
- Saft und Abrieb von 1 Zitrone
- ½ Chilischote
- ½ roter Apfel
- 1 TL Senf
- Meersalz
- frisch gemahlener weißer Pfeffer
- 200 g Blattspinat

ZUBEREITUNG

- Die Sesamsamen im Backofen bei 160 °C (Umluft) 5 Minuten rösten.
- Das Traubenkern- und Sesamöl miteinander vermengen. Die Teriyakisauce und den Saft und Abrieb der Zitrone dazugeben. Die Chilischote entkernen, in feine Würfel schneiden und hinzufügen. Den Apfel schälen und in feine Würfel schneiden, dazugeben. Den Senf dazugeben und das Dressing mit Salz und Pfeffer abschmecken.
- Den Spinat waschen und trocken schleudern.

ANRICHTEN

- Den Spinat mit dem Dressing vermengen und den gerösteten Sesam darüberstreuen.

ALLERGENE: SOJA, SENF, SESAM | VEGAN | FÜR 5 PERSONEN

VORBEREITUNGSZEIT: 15 MINUTEN

NUDELSALAT
MIT TOMATENSUGO, OLIVEN UND BASILIKUM

TOMATENSUGO

- 800 g vollreife Strauchtomaten
- 1 Zwiebel
- 1 Knoblauchzehe
- 3 EL Olivenöl
- 2 Stangen Staudensellerie
- ½ Chilischote
- 2 Zweige Oregano
- 1 Zweig Salbei
- 2 Lorbeerblätter
- 1 Prise Meersalz
- frisch gemahlener schwarzer Pfeffer
- 1 Prise Zucker

NUDELSALAT

- 250 g kleine getrocknete Nudeln
- Salz
- Tomatensugo (siehe Teilrezept)
- 75 g Pinienkerne
- 4 Zweige Basilikum
- 40 g Parmesan + etwas mehr als Topping
- frisch gemahlener schwarzer Pfeffer
- etwas Olivenöl
- Abrieb von 1 Zitrone
- 80 g Oliven

ANRICHTEN

- 1 Topf Basilikum
- 50 g Rucola

TOMATENSUGO

- Die Tomaten waschen, vierteln und den Strunk entfernen.
- Die Zwiebel schälen und fein würfeln. Den Knoblauch halbieren und den Keimling, falls vorhanden, entfernen, da dadurch das Knoblaucharoma viel harmonischer und milder wird. In feine Würfel schneiden und in Olivenöl farblos anschwitzen.
- Die Staudenselleriestangen waschen, in feine Würfel schneiden und mit anschwitzen.
- Die Chilischote entkernen, würfeln und dazugeben. Anschließend die Tomaten hinzugeben und zu einem Kompott kochen. Oregano, Salbei und die Lorbeerblätter hinzugeben und mit Salz, Pfeffer und Zucker abschmecken.

NUDELSALAT

- Die Nudeln in Salzwasser bissfest kochen, nicht abschrecken, sondern direkt mit dem Tomatensugo vermischen.
- Die Pinienkerne in einer Pfanne rösten. Das Basilikum in feine Streifen schneiden, den Parmesan reiben und alles untermischen. Mit Salz, Pfeffer, Olivenöl und dem Abrieb der Zitrone abschmecken.
- Die Oliven halbieren, entkernen und zur Seite stellen.

ANRICHTEN

- Den Parmesan mit dem Sparschäler schälen und damit, wie mit den Oliven, Basilikum- und Rucolablättern, das Ganze dekorieren.

ALLERGENE: GLUTEN, EI, SELLERIE | VEGETARISCH | FÜR 4 PERSONEN

VORBEREITUNGSZEIT: 30 MINUTEN | ZUBEREITUNGSZEIT: 45 MINUTEN

KARTOFFEL-GURKEN-SALAT

Da gibt es bekanntlich zwei Fraktionen. Die norddeutsche und die süddeutsche. Trotz meiner Jahre in Norddeutschland bin ich doch im Süden gelandet und liebe die Variante ohne Mayonnaise. Es muss einfach auf einer Brühe basieren und unbedingt lauwarm sein. Das ist für mich der perfekte Kartoffelsalat.

ZUTATEN

- 1 kg vorwiegend festkochende Kartoffeln
- Meersalz
- 1 Salatgurke
- 2 Gemüsezwiebeln
- 400 ml Gemüsebrühe
- 3 EL Senf
- frisch gemahlener weißer Pfeffer
- 2 EL Weißweinessig
- 1 EL Traubenkernöl
- 2 EL Olivenöl
- ½ Bund Schnittlauch
- 1 Prise Zucker

ZUBEREITUNG

- Die Kartoffeln waschen, in Salzwasser kalt aufstellen und gar kochen. Die Salatgurke schälen, halbieren und die Kerne mithilfe eines Löffels entfernen. Die Salatgurke in Streifen schneiden und für circa 20 Minuten einsalzen, damit der Kartoffelsalat später nicht verwässert.

- Die Gemüsezwiebeln schälen, halbieren und in feine Würfel schneiden. Die Gemüsezwiebeln in sprudelndem Wasser vier Minuten kochen, damit die Zwiebelschärfe verschwindet, anschließend durch ein Sieb abgießen.

- Für die Marinade einen Topf mit 400 Milliliter Gemüsebrühe aufsetzen und mit einem 1 EL Senf, Salz, Pfeffer, Weißweinessig, Traubenkernöl und Olivenöl kräftig abschmecken.

- Den Schnittlauch in feine Röllchen schneiden.

- Die Kartoffeln abgießen, heiß schälen und in mittelgroße Scheiben schneiden.

- Die Marinade nochmals aufkochen, in eine Schüssel füllen und die Kartoffeln direkt dazugeben. Die Zwiebelwürfel untermischen, die Gurken vom Wasser befreien und hinzufügen.

- 30 Minuten ziehen lassen und abermals mit Senf, Salz, Zucker und Pfeffer abschmecken.

ANRICHTEN

- Den Kartoffelsalat mit Schnittlauch bestreuen und am besten in einer Schüssel lauwarm servieren.

ALLERGENE: SENF | VEGAN | FÜR 5 PORTIONEN

VORBEREITUNGSZEIT: 30 MINUTEN | ZUBEREITUNGSZEIT: 30 MINUTEN

FOCACCIA

ZUTATEN

- 1 kg Weizenmehl, Type 450
- 500 ml Wasser
- 42 g Hefe
- 1 TL Fenchelsaat
- 1 TL Rapssaat
- 30 g grobes Meersalz
- 50 ml Rapskernöl
- 4 EL Olivenöl
- 2 Messerspitzen Fleur de Sel zum Bestreuen

ZUBEREITUNG

- 200 Gramm Mehl in eine Schüssel sieben, in die Mitte eine Mulde drücken, 100 Milliliter warmes Wasser hineingeben und die Hefe hineinbröseln. In der Mitte mit einer Gabel leicht rühren, sodass sich etwas Mehl mit der Wasser-Hefe Mischung verbindet. Diesen Vorteig an einem warmen Ort abgedeckt für 15 Minuten ruhen lassen.

- Die Gewürze im Mörser leicht zerstoßen.

- Wenn der Vorteig gegangen ist, die zerstoßenen Gewürze, Rapsöl und das restliche Wasser dazugeben und mit dem gesamten Mehl zu einem homogenen Teig verkneten.

- Ein Backblech mit Olivenöl bestreichen.

- Den Teig 2 Zentimeter dick ausrollen, auf das Backblech legen, mit Olivenöl bestreichen und gut einreiben. Mit den Fingerspitzen kleine Mulden in den Teig drücken und mit Fleur de Sel bestreuen.

- Für 20 Minuten erneut abgedeckt an einem warmen Ort gehen lassen.

- Den Ofen auf 200 °C (Umluft) vorheizen und die Focaccia 12 Minuten backen.

ALLERGENE: WEIZEN | VEGAN | FÜR 6 PERSONEN

VORBEREITUNGSZEIT: 10 MINUTEN | RUHEZEIT: 35 MINUTEN | ZUBEREITUNGSZEIT: 12 MINUTEN

BOHNE
NEKTARINE, BLAUSCHIMMEL, WALNUSS

ZUTATEN

- 250 g Buschbohnen
- Meersalz
- 2 Nektarinen
- 40 g Walnüsse
- 2 TL alter Balsamico
- 1 EL Olivenöl
- frisch gemahlener weißer Pfeffer
- 60 g Blauschimmelkäse

ZUBEREITUNG

- Die Bohnen vom Strunk befreien, halbieren und 5 Minuten in Salzwasser kochen, anschließend in gesalzenes Eiswasser geben. Danach herausnehmen und abtropfen lassen.
- Die Nektarinen halbieren, den Stein entfernen und in grobe Stücke schneiden. Danach von allen Seiten grillen, sodass sie gleichmäßig karamellisieren.
- Die Walnüsse rösten, hacken, salzen.
- Die Bohnen mit altem Balsamico, Olivenöl, Salz und Pfeffer marinieren.

ANRICHTEN

- Die marinierten Bohnen in eine feuerfeste Form füllen, darauf die gegrillten Nektarinen verteilen. Zum Schluss den Blauschimmelkäse auf den Bohnensalat zupfen und mit gehackten Walnüssen bestreuen. Das fertige Gericht auf den Grill stellen und so lange garen, bis der Blauschimmelkäse über den Bohnensalat schmilzt.

ALLERGENE: MILCHERZEUGNIS, WALNUSS | VEGETARISCH | FÜR 4 PERSONEN

VORBEREITUNGSZEIT: 25 MINUTEN

ZUBEREITUNGSZEIT: 5–10 MINUTEN (VARIIERT JE NACH HITZE DES GRILLS)

GEFÜLLTE SPITZPAPRIKA
FETA, ROSMARIN

ZUTATEN

- 1 Spitzpaprika
- 60 g Feta
- frisch gemahlener weißer Pfeffer
- 1 TL Olivenöl
- 1 Zweig Rosmarin
- 1 rote Zwiebel

ZUBEREITUNG

- Die Paprikaschote auf dem Grill sehr dunkel grillen, dann längs einschlitzen und das Kerngehäuse entfernen.

- Den Feta mit den Händen zerbröseln. Mit weißem Pfeffer und Olivenöl würzen. Die Rosmarinnadeln fein hacken und über den Feta geben.

- Die Füllung in die Spitzpaprika füllen, anschließend die rote Zwiebel in feine Ringe schneiden und obenauf verteilen.

- Zum Schluss in einer feuerfesten Form erneut auf den Grill geben, damit der Fetakäse schmilzt und die Spitzpaprika heiß wird.

ANRICHTEN

- Direkt vom Grill auf einer flachen Schale servieren.

ALLERGENE: MILCHERZEUGNIS | VEGETARISCH | FÜR 1 PORTION

VORBEREITUNGSZEIT: 20 MINUTEN | ZUBEREITUNGSZEIT: 8-12 MINUTEN

ABENDESSEN

Wenn ich Freunde oder die Familie bekoche, dann mag ich es ganz besonders, Gerichte unkompliziert in die Mitte zu stellen, sodass sich jeder von allem nehmen kann. Wir wollten keine komplizierte Anrichteküche, sondern Rezepte zusammenstellen, die man ganz stressfrei auf den Tisch bekommt und eben auch sehr gut vorbereiten kann. Die Favoriten unserer Auszubildenden, wie Raclette oder ein saftiger Zwiebelkuchen, sind ebenfalls dabei.

Gleichzeitig haben wir bei der Auswahl aber auch darauf geachtet, nicht zu schwere Gerichte vorzuschlagen, die einem unnötig mächtig im Magen liegen. Deshalb finden Ente & Co. eher mittags statt und abends kommen Fisch, Gemüse und andere leichte Kost auf den Tisch. Gut, das Raclette ist eine Ausnahme, aber abends passt es hervorragend, weil die Kinder dann schlafen, die für eine derart lange »Zeremonie« keine große Geduld haben.

RINDERTATAR

Am besten bereitet man alle Zutaten vor und stellt sie in kleinen Schüsselchen auf den Tisch, sodass sich jeder sein Tatar selbst mischen kann. So macht es besonders viel Spaß.

ZUTATEN

- 50 g Essiggurken
- 3 Eier (für dieses Rezept nur das Eigelb)
- 30 g Sardellen
- 50 g Schalotten
- 1 Topf Schnittlauch
- 50 g Kapern
- Meersalz
- Piment d'Espelette
- frisch gemahlener weißer Pfeffer
- 6 EL Traubenkernöl
- je 3 EL feiner und grober Senf
- 900 g Rinderfilet
- 100 g Crème fraîche
- 6 Scheiben Weißbrot

ZUBEREITUNG

- Hinweis: Bei den folgenden Schritten die einzelnen Endprodukte bis zum Verzehr in kleinen Schalen kalt stellen.

- Die Essiggurken halbieren, entkernen und in feine Würfel schneiden. Die Eier trennen und das Eigelb aufheben, das Eiweiß kann anderweitig verwendet werden. Die Sardellen auf Küchenpapier kurz abtropfen und dann fein hacken. Die Schalotten schälen und fein würfeln. Den Schnittlauch in feine Röllchen schneiden. Die Kapern kurz auf Küchenpapier abtropfen lassen. Meersalz, Piment d'Espelette und das Traubenkernöl sowie die beiden Senfsorten in Schälchen bereitstellen.

- Für das Tatar eine große Schüssel mit Eis bereitstellen und eine weitere Schüssel daraufstellen.

- Vom Rinderfilet feine Scheiben abschneiden, diese in Streifen und dann in Würfel schneiden und sofort in die gekühlte Schüssel geben.

- Crème fraîche in eine Schale füllen. Vom Kastenweißbrot 6 dicke Scheiben schneiden und toasten.

ANRICHTEN

- Das Tatar mit der Eisschüssel auf den Tisch stellen und alle anderen Schälchen darum herum verteilen, sodass sich jeder sein Tatar nach Belieben würzen kann.

ALLERGENE: WEIZEN, EI, FISCH, SENF | OMNIVOR | FÜR 6 PERSONEN

VORBEREITUNGSZEIT: 2 STUNDEN

LAUWARMER BETESALAT

ZUTATEN

- 4 Rote Beten
- Meersalz
- 125 ml Essig
- 1 EL Senfsaat
- 2 Lorbeerblätter
- ½ TL weiße Pfefferkörner
- 2 EL Balsamico
- 1 EL Weißweinessig
- 2 EL Traubenkernöl
- frisch gemahlener weißer Pfeffer
- 2 Schalotten
- 2 Kakis
- 125 g Pekannuss
- 3 Scheiben Weißbrot
- 30 g Butter
- 3 Zweige Thymian
- 100 g Ziegenfrischkäse
- 80 g gereifter Ziegenkäse

ZUBEREITUNG

- Die Rote Bete in einem Topf mit Salzwasser, Essig, Senfsaat, Lorbeerblättern und weißen Pfefferkörnern je nach Größe für circa 1–2 Stunden kochen. Die Rote Bete (mit Handschuhen) heiß schälen und in ungleichmäßige Stücke schneiden. Mit Balsamico, Weißweinessig, 1 EL Traubenkernöl, Salz und Pfeffer marinieren.

- Die Schalotten schälen, in feine Würfel schneiden und in 1 EL Öl glasig dünsten.

- Die Kakis waschen, vierteln und in feine Scheiben schneiden.

- Die Pekannüsse im Ofen bei 160 °C (Umluft) für 10 Minuten rösten.

- Den Rand des Weißbrotes abschneiden und in kleine Würfel schneiden. Butter in einer Pfanne aufschäumen und die Brotwürfel darin ausbacken. Kurz bevor sie fertig sind, den Thymian hinzugeben. Danach auf Küchenpapier ausfetten lassen und leicht salzen.

ANRICHTEN

- Die Rote Bete in eine Schale geben, den Ziegenfrischkäse darauf verteilen, den reifen Ziegenkäse mit einem Sparschäler zerkleinern und mit Pekannüssen sowie den Croûtons garnieren und lauwarm servieren.

ALLERGENE: WEIZEN, MILCHERZEUGNISSE, PEKANNÜSSE, SENF | VEGETARISCH | FÜR 4 PERSONEN

VORBEREITUNGSZEIT: 30 MINUTEN | ZUBEREITUNGSZEIT: 2 STUNDEN

HUMMERSUPPE
HUMMERFLEISCH, GEBRANNTER LAUCH

ZUTATEN

- Meersalz
- 1 Hummer (600–800 g, und, wenn möglich, zusätzlich 600 g Hummerkarkassen vom Fischhändler)
- 1 Stange Lauch
- 2 EL Traubenkernöl
- 125 g Butter
- 8 Schalotten
- 1 Knoblauchzehe
- 125 g Champignons
- ¼ Fenchelknolle
- ¼ Bund Staudensellerie
- 3 vollreife Strauchtomaten
- 1 TL Fenchelsaat
- 1 TL Koriandersaat
- 1 TL weiße Pfefferkörner
- 3 Lorbeerblätter
- 150 ml Noilly Prat
- 300 ml Weißwein
- 300 ml Fischfond
- 300 ml Sahne
- 250 g Crème fraîche
- 1 Bund Estragon
- 1 Topf Kerbel
- Abrieb von 2 Zitronen
- frisch gemahlener weißer Pfeffer

ZUBEREITUNG

- Einen großen Topf mit reichlich Wasser (10 Liter) zum Kochen bringen, damit der Hummer fachgerecht und respektvoll zubereitet werden kann, da das Wasser sonst zu stark abkühlt, wenn der Hummer hineingegeben wird. Der Salzgehalt des Wassers sollte dem des Meeres nahekommen.

- Eine große Schüssel mit Eiswasser bereitstellen.

- Wenn das Wasser sprudelnd kocht, den Hummer kopfüber in den Topf geben und diesen sofort mit einem Deckel verschließen. Den Hummer nach 3 Minuten kurz aus dem Wasser nehmen, um die Scheren an den Gelenken vom Körper zu trennen. Den Hummerschwanz im Eiswasser runterkühlen. Die kleine Schere 3 Minuten und die große weitere 5 Minuten kochen. Dann ebenfalls im Eiswasser herunterkühlen, um zu verhindern, dass sie weitergaren.

- Bei den weiteren Schritten sowohl Karkassen als auch das Fleisch separat aufbewahren.

- Die Gelenke auf zwei Seiten mit einer Küchenschere aufschneiden, um an das Fleisch zu gelangen. Den kleinen Teil der Schere vorsichtig abbrechen, um die Schwerter aus dem Fleisch zu ziehen, dann die ganze Schere komplett aufbrechen. Den Hummerschwanz von der unteren Seite mit der Schere vorsichtig aufschneiden, das Fleisch herausnehmen und den Darm entfernen. Mit Küchenpapier das Eiweiß vom Fleisch entfernen und alles portionieren.

- Den Lauch im Ganzen waschen und im vorgeheizten Ofen bei 220 °C 15 Minuten garen, bis die äußere Schicht verkohlt ist. Anschließend circa 10 Minuten auskühlen lassen. Die äußere Schicht längs einschneiden und entfernen. Das Innere mit einer Schere zuschneiden, mit Salz und Traubenkernöl marinieren.

ALLERGENE: KRUSTENTIER, MILCHERZEUGNISSE, SELLERIE | PESCETARIER |
FÜR 2 PERSONEN (+ 4 PORTIONEN SUPPE EXTRA)
ZUBEREITUNGSZEIT: 60 MINUTEN | VORBEREITUNGSZEIT: 60 MINUTEN

Auf der nächsten Seite geht es weiter

- Für die Hummersuppe die Butter aufschäumen und die Karkassen hinzugeben. Diese mit einem Kochlöffel zerstoßen, um eine möglichst große Oberfläche zu erhalten. Beim Rösten der Karkassen die Röststoffe immer wieder vom Boden des Topfes lösen.

- Dann das Gemüse vorbereiten: Die Schalotten schälen und in feine Streifen schneiden. Den Knoblauch schälen, den Keimling, wenn vorhanden, entfernen, da dadurch das Knoblaucharoma harmonischer und mild wird. Den Knoblauch feine Scheiben schneiden.

- Die Champignons, den Fenchel und Sellerie ebenfalls in feine Streifen schneiden.

- Nach circa 10 Minuten das Gemüse hinzugeben und alles weitere 5 Minuten rösten. Die Tomaten grob würfeln, hinzugeben und mit anschwitzen, bis die Flüssigkeit fast vollständig verdampft ist.

- Dann Fenchelsaat, Koriandersaat, Pfefferkörner und die Lorbeerblätter hinzugeben und kurz mit anschwitzen.

- Zuerst mit Noilly Prat ablöschen, warten, bis die Flüssigkeit verdampft ist, und mit dem Weißwein ebenso verfahren.

- Mit Fischfond aufgießen und bei mittlerer Hitze 20 Minuten simmern lassen. Dann Sahne, Crème fraîche, Estragon und Kerbel hinzugeben. Einmal kurz aufkochen, den Abrieb der Zitronen hinzugeben und für 10 Minuten ziehen lassen.

- Dann durch ein feines Sieb passieren und mit Salz und Pfeffer abschmecken.

- Vor dem Servieren die Suppe abermals mit dem Mixstab aufschäumen.

ANRICHTEN

- Den portionierten Lauch und Hummer in die Mitte des Tisches stellen und dazu die aufgeschäumte Suppe reichen.

- **Tipp:** Der Lauch eignet sich auch als eigenständiges veganes Gericht.

WEISSER STANGENSPARGEL

LACHS, NUSSBUTTER, ORANGE, CHILI

FISCHBEIZE

- 70 g graues Meersalz
- 15 g Zucker
- Abrieb von ½ Zitrone
- ¼ TL Fenchelsaat
- ¼ TL gestoßener weißer Pfeffer
- 1 Wacholderbeeren
- ¼ TL Senfsaat
- ¼ TL gestoßene Koriandersaat
- ½ Lorbeerblatt
- 150 g Butter

FISCH

- Fischbeize (siehe Teilrezept)
- 200 g Lachs

SPARGEL

- Meersalz
- 1 EL Zucker
- 3 Orangenzesten
- 1 EL Butter
- 500 g weißer Spargel (inklusive Schalen)

ORANGENMARINADE

- 3 Orangen
- ½ milde Chilischote
- Meersalz
- frisch gemahlener weißer Pfeffer

FISCHBEIZE

- Für die Fischbeize das Meersalz mit Zucker vermischen. Den Zitronenabrieb hinzugeben, die Gewürze mörsern und ein Lorbeerblatt in feine Streifen geschnitten hinzufügen.

- Die Butter kochen, bis sie goldbraun ist, und mit der Beize vermengen. Sobald die Beize auf Zimmertemperatur heruntergekühlt ist, den Fisch mit der Beize vollständig einreiben.

FISCH

- Sobald die Beize auf Zimmertemperatur heruntergekühlt ist, den Fisch mit der Beize vollständig einreiben. Anschließend den Fisch abgedeckt für 24 Stunden im Kühlschrank beizen. Am nächsten Tag die Beize vom Fisch abschaben und den Fisch portionieren.

SPARGEL

- Einen Topf mit Wasser, Salz, Zucker, Orangenzesten und Butter zum Kochen bringen. Den Spargel schälen und die Schalen in das Wasser geben. Für 10 Minuten ausziehen lassen und danach die Schalen heraussieben. Danach den Spargel in circa 5 Minuten bissfest kochen.

ORANGENMARINADE

- Die Orangen auspressen und den Saft in einen kleinen Topf geben. Die halbe Chilischote in feine Würfel schneiden und hinzugeben. Für circa 15 Minuten einkochen lassen, bis eine sirupartige Konsistenz entsteht. Mit Salz und Pfeffer abschmecken.

ANRICHTEN

- Den Spargel abtropfen lassen und mit der Orangenmarinade bepinseln. Direkt und heiß mit dem Lachs servieren.

ALLERGENE: FISCH, SENF | PESCETARIER | FÜR 2 PERSONEN

VORBEREITUNGSZEIT: 2 STUNDEN (BEIZE UND LACHS AM VORTAG VORBEREITEN)

ZUBEREITUNGSZEIT: 15 MINUTEN

ROTBARSCH
AUF GEMÜSEBETT

ZUTATEN

- 2 Zwiebeln
- 100 ml Apfelsaft
- 60 g Zuckerschoten
- 120 g gelbe Karotten
- ½ Brokkoli
- 120 g Petersilienwurzel
- 6 Radieschen
- ½ Romanesco
- Meersalz
- ½ Stange Lauch
- 1 EL Butter
- frisch gemahlener weißer Pfeffer
- 520 g Rotbarsch
- Abrieb von 1 Limette

ZUBEREITUNG

- Die Zwiebeln schälen, halbieren und in einer Pfanne ohne Fett stark bräunen.
- Mit Apfelsaft ablöschen, abgedeckt garen und später den Sud aufbewahren.
- Zuckerschoten, Karotten, Brokkoli, Petersilienwurzel, Radieschen und Romanesco in mundgerechte Stücke schneiden, in Salzwasser bissfest garen und in Eiswasser abschrecken. (Das Eiswasser muss auch gesalzen sein, da dieses dem Gemüse sonst das Salz wieder entzieht.)
- Den Lauch in 2 Zentimeter dicke Scheiben schneiden und mit Butter in einer Pfanne bei geringer Hitze dunkelbraun rösten. Mit Salz und Pfeffer abschmecken.
- Den Rotbarsch mit Limettenabrieb, Salz und Pfeffer würzen.
- Das gesamte gegarte Gemüse in eine Cocotte geben, den Fisch darauflegen und abgedeckt bei 160 °C (Umluft) im vorgeheizten Backofen je nach Dicke des Fisches 20–30 Minuten garen.

ANRICHTEN

- Direkt aus der Cocotte servieren.

ALLERGENE: FISCH | PESCETARIER | FÜR 4 PERSONEN

VORBEREITUNGSZEIT: 45 MINUTEN | ZUBEREITUNGSZEIT: 20–30 MINUTEN

KABELJAU EN PAPILLOTE
GEMÜSEEINTOPF, SÜSSKARTOFFEL

EINTOPF

- 600 g Süßkartoffeln (circa 2 große Süßkartoffeln)
- 1 Schalotte
- 2 EL Olivenöl
- 1 Lorbeerblatt
- 2 Zweige Thymian
- 1 g Safran
- Abrieb und Saft von 2 Bio-Orangen
- Abrieb und Saft von 1 Bio-Zitrone
- 200 ml Gemüsebrühe
- Meersalz
- frisch gemahlener weißer Pfeffer

FISCH

- 1 Stück Pergamentpapier
- 260 g frisches Kabeljaufilet
- 2 EL Butter
- Eintopf (siehe Teilrezept)
- ½ Topf Kerbel

EINTOPF

- Die Süßkartoffeln schälen und in Rautenform schneiden. Anschließend die Schalotte schälen und in feine Würfel schneiden. Inzwischen den Ofen auf 160 °C (Umluft) vorheizen.

- Die Schalottenwürfel in dem Olivenöl farblos anschwitzen. Die Süßkartoffeln, das Lorbeerblatt, den Thymian und den Safran mit anschwitzen.

- Währenddessen die Schalen der Orangen und der Zitrone abreiben und zu dem Gargut geben. Mit dem Saft der Zitrusfrüchte ablöschen und vollständig einkochen.

- Danach mit Gemüsebrühe auffüllen und das Gemüse bei mittlerer Hitze weich garen, sodass circa 50 Milliliter Sud übrig bleiben, dann mit Salz und Pfeffer abschmecken.

FISCH

- Das Pergamentpapier rundum (wie auf dem Bild zu sehen) einschlagen.

- Das Kabeljaufilet auf 2 Stücke à 130 Gramm portionieren. Den Kabeljau in der Pfanne mit Butter von allen Seiten kurz anbraten. Den Eintopf auf das Pergamentpapier geben, den Kerbel hacken und auf die Süßkartoffeln geben. Den Kabeljau darauf platzieren, das Pergament zu einem Päckchen zusammenschlagen und auf einem Blech in den Ofen stellen.

- Je nach Dicke des Fisches dauert der Garprozess im Backofen bei 160 °C (Umluft) zwischen 15 und 30 Minuten.

ANRICHTEN

- Den Fisch im Pergament auf Tellern anrichten und servieren.

ALLERGENE: FISCH | PESCETARIER | FÜR 2 PERSONEN

VORBEREITUNGSZEIT: 45 MINUTEN | ZUBEREITUNGSZEIT: 15–30 MINUTEN

WOLFSBARSCH IN DER SALZKRUSTE

FENCHELSALAT, POMELO

SALZKRUSTE

- 2 Eiweiß
- 2 kg grobes graues Meersalz

WOLFSBARSCH

- 1 kg Wolfsbarsch
- frisch gemahlener weißer Pfeffer
- 1 Limette
- 6 Zweige Dill

FENCHELSALAT

- 1 Fenchelknolle
- 1 Pomelo
- 1 TL Sonnenblumenöl
- 1 TL Rapsöl
- Meersalz
- frisch gemahlener weißer Pfeffer

SALZKRUSTE

- Das Eiweiß halbsteif schlagen und in eine Schüssel geben. Anschließend das graue Salz dazugeben.

WOLFSBARSCH

- Die Flossen und Schwanzspitze mittels einer Küchenschere vom Wolfsbarsch entfernen. Unter klarem Wasser abspülen und mit Küchenpapier von innen abtrocknen. Ein Backblech mit Backpapier auslegen und den Fisch darauflegen. Anschließend von innen leicht pfeffern. Die Limette achteln und mit 6 Zweigen Dill hineingeben. Den Fisch komplett mit dem Salz umhüllen und im vorgeheizten Backofen bei 160 °C Umluft 45 Minuten garen.

FENCHELSALAT

- Den Fenchel halbieren und vom Strunk befreien und in feine Streifen schneiden. Das Fenchelgrün aufbewahren.

- Die Pomelo mit dem Messer schälen und die Filets herausschneiden. Die Abschnitte über dem Fenchel ausdrücken. Diesen Schritt zeitnah vollziehen, damit der Fenchel nicht anläuft.

- Die Filets in grobe Stücke schneiden und hinzugeben. Mit Sonnenblumen- und Rapsöl marinieren und mit Salz und Pfeffer abschmecken.

ANRICHTEN

- Den Fenchelsalat in eine Schüssel geben, die Filets darauf drapieren und servieren.

ALLERGENE: FISCH, EI | PESCETARIER | FÜR 4 PORTIONEN

VORBEREITUNGSZEIT: 30 MINUTEN | ZUBEREITUNGSZEIT: 45 MINUTEN

JAKOBSMUSCHEL-CEVICHE
KORIANDER

ZUTATEN

- 16 Jakobsmuscheln in der Schale (oder frisch ausgelöst vom Fischhändler)
- 2 Bio-Orangen
- 1 Bio-Zitrone
- Abrieb und Saft von 2 Bio-Limetten
- ½ TL Ingwer
- ½ rote milde Chilischote
- Meersalz
- frisch gemahlener weißer Pfeffer
- 1 TL Sesamöl
- 1 TL Traubenkernöl
- 4 Zweige Koriander
- 2 Zweige Kerbel
- ½ Salatgurke
- 1 Stängel Frühlingslauch

ZUBEREITUNG

Die Jakobsmuscheln mit einem Tafelmesser fachgerecht auslösen. Dafür die Jakobsmuschel mit der flachen Seite nach oben hinlegen, mit dem Messer zwischen den beiden Schalen dicht an der Oberseite entlang einschneiden. Der Muskel der Jakobsmuschel wird durchtrennt, sodass sie sich öffnen lässt. Die obere Schale abnehmen. Jetzt liegt die Muschel umgeben von Innereien in der bauchigen Schale. Genießbar sind der weiße, runde Muskel und den orangefarbenen Corail (Rogen). Mit dem Messer vorsichtig unter der Muschel entlangfahren, um sie schließlich ganz herauszulösen. Die übrigen Innereien aus dem runden Muskelfleisch entfernen und das runde Muskelfleisch in Wasser von Sand und Schmutz befreien.

HINWEIS

- Der Corail kann zusammen mit der Muschel gebraten werden, ist aber auch ein vorzüglicher Geschmacksgeber, beispielsweise in einem Risotto.

- **Tipp:** Die Muscheln in den gesäuberten Schalen anrichten.

- 1 Orange halbieren und den Saft in eine Schale ausdrücken. Die andere Orange schälen und filetieren, das restliche Fruchtfleisch ausdrücken und den Saft mit in die Schale geben. Die Fruchtfilets in kleinere Würfel schneiden.

- Die Schalen der Zitrone und Limetten abreiben und den Saft auspressen. Zum Orangensaft geben und dann durchpassieren, um Reste vom Fruchtfleisch zu entfernen.

Auf der nächsten Seite geht es weiter

ALLERGENE: SCHALENTIERE/KRUSTENTIERE, SESAM | SCHALENTIERE/KRUSTENTIERE, SESAM, FISCH

PESCETARIER | FÜR 4 PERSONEN

VORBEREITUNGSZEIT: 30 MINUTEN | ZUBEREITUNGSZEIT: 30 MINUTEN

- Den Ingwer schälen und in feine Würfel schneiden. Die Chilischote in feine Würfel schneiden und mit dem Ingwer zum Saft geben. Den Abrieb der Zitrusfrüchte hinzufügen und mit Salz und Pfeffer abschmecken. Sesam- und Traubenkernöl dazugeben und das Ganze 20 Minuten ziehen lassen.

- Die Korianderblätter von den Zweigen zupfen und in feine Streifen schneiden, die Kerbelstiele in feine Röllchen schneiden und zur Marinade geben.

- Die Salatgurke waschen, halbieren und das Kerngehäuse herausschneiden. Die Gurke mit Schale in kleine Würfel schneiden und zusammen mit den Orangenwürfeln zur Marinade geben.

- Den Frühlingslauch in feine Röllchen schneiden.

- Die Jakobsmuscheln in haselnussgroße Stücke schneiden, mit der Marinade übergießen und 10 Minuten ziehen lassen, sodass das Eiweiß der Jakobsmuschel stocken kann.

ANRICHTEN

- Das Jakobsmuschel-Ceviche auf einen Teller geben und mit Frühlingslauchröllchen garnieren.

ZWIEBELKUCHEN

QUARKTEIG

- 250 g Magerquark
- 400 g Weizenmehl, Type 405 + etwas mehr zum Bestäuben des Backblechs
- 2 TL Backpulver
- 2 Eier
- 1 TL Salz
- Butter zum Einfetten

BELAG

- 125 g Räucherspeck
- 1 kg rote Zwiebeln
- 200 g saure Sahne
- 4 Eier
- 100 ml Milch
- 1 Prise Muskatnuss
- frisch gemahlener weißer Pfeffer
- Meersalz

ANRICHTEN

- 2 Zweige krause Petersilie

QUARKTEIG

- Quark, Mehl, Backpulver, Eier und Salz vermengen. Gut verkneten und 30 Minuten ruhen lassen. In der Zwischenzeit den Belag vorbereiten.

BELAG

- Den Räucherspeck in feine Streifen schneiden. Die Zwiebeln schälen und in feine Ringe schneiden. Die saure Sahne mit den Eiern aufschlagen und Milch dazugeben. Mit Muskatnuss, Pfeffer und Salz kräftig abschmecken.

- Das Backblech einfetten und mehlieren. Den Teig auf die Größe des Backblechs ausrollen, sodass er auch den Rand auskleidet. Den Teig 5 Minuten bei 190 °C (Umluft) vorbacken. Währenddessen die Zwiebeln unter die Ei-Sahne-Mischung heben.

- Die Zwiebelmasse gleichmäßig auf dem Blech verteilen. Den geschnittenen Speck auf der Eimasse verstreuen.

- Nun den Kuchen bei 190 °C (Umluft) in 15 Minuten fertig backen.

ANRICHTEN

- Die krause Petersilie waschen, trocken schütteln, klein schneiden und auf den Kuchen streuen. Heiß servieren.

ALLERGENE: WEIZEN, EI, MILCHERZEUGNIS | OMNIVOR | FÜR 6 PERSONEN

VORBEREITUNGSZEIT: 50 MINUTEN | RUHEZEIT: 30 MINUTEN

ZUBEREITUNGSZEIT: 15 MINUTEN (PLUS 5 MINUTEN VORBACKEN)

RACLETTE

BEISPIELE À LA JP: FLEISCH/FISCH/ GEFLÜGEL:

- 400 g frische Miesmuscheln
- 1 EL Olivenöl
- 50 ml Weißwein
- 400 g Rinderfilet
- 200 g Lachsfilet
- 200 g Hackfleisch halb und halb
- ¼ Knoblauchzehe
- Meersalz
- frisch gemahlener weißer Pfeffer
- ½ TL Paprikapulver
- 2 EL Butter
- 1 TL Currypulver
- 280 g Hühnerbrust
- 6 Carabinieres (Riesengarnelen)
- 150 g Nordseekrabben
- 150 g Kochschinken
- 150 g roher Schinken

ZUBEREITUNG

- Die Miesmuscheln mit 1 Schuss Olivenöl in einem Topf anschwitzen, mit Weißwein ablöschen und mit Deckel 3 Minuten dämpfen.
- Das Rinderfilet in 100 Gramm schwere Medaillons schneiden.
- Den Lachs von der Haut lösen und in grobe Würfel schneiden.
- Das Hackfleisch kross anbraten, den Knoblauch hinzugeben und kurz anschwitzen, dann mit Salz, Pfeffer und Paprika würzen.
- In einer Pfanne Butter mit Currypulver aufschäumen und die Hühnerbrust darin anbraten, dann im Backofen 20 Minuten bei 150 °C (Umluft) garen. In der Currybutter auskühlen lassen und aufschneiden.
- Carabinieres von der Schale befreien und bis zum Verzehr kalt stellen.
- Die Nordseekrabben in eine Schüssel geben und ebenfalls bis zum Verzehr abgedeckt kalt stellen.
- Den Schinken zum Servieren bereitstellen.

ALLERGENE: EI, MILCHERZEUGNISSE, KRUSTENTIER | OMNIVOR | FÜR 6 PERSONEN

GEMÜSE

- 200 g Kirschtomaten
- 2 EL Traubenkernöl
- Meersalz
- frisch gemahlener weißer Pfeffer
- 2 Zucchini
- 3 Paprika (je 1 rote, gelbe, grüne)
- 3 Feigen
- 400 g Zuckermais
- 300 g dicke Bohnen
- 1 kg junge Kartoffeln (Drillinge)
- 1 Avocado
- ½ Chilischote
- Saft von ½ Zitrone
- 200 g Champignons
- ¼ Ananas
- 2 Orangen
- 3 Karotten
- 1 rote Zwiebel
- ½ Bund Frühlingslauch
- 150 g getrocknete Tomaten
- 10 Cornichons

BLINIS

- 1 Ei
- 40 g Sahne
- 7 g Hefe
- 40 g Milch
- 80 g Buchweizenmehl
- Salz

KÄSE (NACH BELIEBEN)

- Blauschimmelkäse
- Emmentaler
- Gouda
- Camembert

ANRICHTEN

- etwas Butter

GEMÜSE

- Die Kirschtomaten vierteln und mit Traubenkernöl, Salz und Pfeffer marinieren. Die Zucchini halbieren, entkernen und in Halbkreise schneiden. Die Paprikaschoten entkernen und in feine Würfel schneiden. Die Feigen halbieren.

- Den Zuckermais in Salzwasser 5 Minuten kochen und abkühlen lassen. Dann mit einem Sägemesser die Maiskörner vom Kolben lösen.

- Die dicken Bohnen aus der Schale befreien, in Salzwasser 3 Minuten kochen und in Eiswasser abschrecken. Zuletzt die dicken Bohnen aus der Hülse drücken.

- Die Kartoffeln in Salzwasser gar kochen, heiß pellen.

- Die Avocado in kleine Würfel schneiden. Die Chili halbieren, entkernen und in feine Würfel schneiden. Chili und Avocado mit Zitronensaft, Salz und Pfeffer abschmecken.

- Die Champignons vierteln. Die Ananas schälen und in mundgerechte Stücke schneiden. Die Orangen schälen und filetieren. Die Karotten schälen, in mundgerechte Stücke schneiden, in Salzwasser garen und in Eiswasser abkühlen. Rote Zwiebeln und Frühlingslauch in feine Ringe schneiden. Getrocknete Tomaten und Cornichons zum Servieren bereitstellen.

BLINIS

- Für den Bliniteig das Ei trennen und das Eiweiß steif schlagen. Die Sahne ebenfalls steif schlagen und kalt stellen.

- Die Hefe in der Milch auflösen und das Eigelb einarbeiten. Das Buchweizenmehl in eine Schüssel sieben, die Hefemischung einrühren und dann etwas salzen. Das Eiweiß unterheben und 10 Minuten an einem warmen Ort gehen lassen. Dann die geschlagene Sahne unterheben.

KÄSE (NACH BELIEBEN)

- Den Käse in Scheiben (Größe der Raclette-Pfannen) schneiden und beiseitestellen.

ANRICHTEN

- Alle vorbereiteten Lebensmittel in kleine Schälchen abfüllen und auf dem Esstisch verteilen. Die Kartoffeln zum Warmhalten mit einer Flocke Butter oben auf das Raclette Gerät stellen und die Grillplatte für die Zubereitung der Carabinieres, Blinis und des Rinderfilets nutzen.

MEIN HERZLICHER DANK
GEHT AN …

Romy Gockel. Sie ist einfach eine fantastische Frau und Köchin mit viel Passion und Akribie. Nicht nur die einmaligen Prüfungsergebnisse von 100 Prozent spiegeln das wider, sondern vor allem ihr tägliches Tun. Romy leitet mittlerweile unsere Pâtisserie. Chapeau, meine Romy, the future is yours!

Jan-Malte Kagel. Im selben Ausbildungsjahr wie Romy ist Jan-Malte ein ebensolcher Überflieger. Es hat mich sehr gefreut, dass sich beide gegenseitig beflügelt haben und sich für die jeweiligen Erfolge des anderen so freuen konnten. Jan-Malte war sogar direkt nach der Ausbildung in der Lage, unseren Saucier-Posten zu kochen. Mittlerweile kocht Jan-Malte in Wien und wir wünschen ihm alles Gute dort.

Luca Mathes. Unser Nordlicht kocht mittlerweile bei Marco Müller in seinem 3-Sterne-Restauran, der Rutz Weinbar. Lucas Jahrgang hatte es wahrlich nicht einfach, denn er war vom Lockdown betroffen, sodass sich die eigentliche Ausbildungszeit auf zwei Jahre verkürzt hat. Umso höher ist seine Wahnsinnsleistung, seine Flexibilität und seine enorme Loyalität zu bewerten. Ich bin unglaublich stolz auf dich!

Konrad Matthes ist der Papa unter unseren Auszubildenden. Zum einen wörtlich genommen, zum anderen, weil er durch seine Ruhe Präsenz und Qualität auf unser Küchenparkett legt. Konrad ist ein Quereinsteiger, der sich erst spät entschieden hat, den Beruf des Kochs zu erlernen. Ich habe vor dieser Entscheidung tiefsten Respekt – noch mal etwas Neues zu wagen, neue Herausforderungen zu suchen und weiterlernen zu wollen. Liebe Tina, nur dank dir kann Konrad diesen Weg gehen. Das weiß nicht nur Konrad, sondern natürlich auch ich.

Ydo Sol. Jeder, der uns kennt, weiß auch, was Ydo für uns und mich persönlich bedeutet. Dass auch bei diesem Buch niemand anderes für mich infrage kam, als dieser unverschämt sympathische, pragmatische und begnadete Fotograf, war natürlich von der ersten Sekunde an klar. Vielen Dank, dass wir dieses Projekt in einer so besonderen Zeit gemeinsam umsetzen konnten.

Antonia Wien und Lars Ammer. Ich erinnere mich noch genau, wie wir in unserer vollgestellten Bar im Lockdown gemeinsam an dem Sylt-Kochbuch gearbeitet haben. Da unsere Kühlhäuser leer gefegt waren, habe ich euch ein knuspriges Zitronenhuhn mit orientalischem Couscous zu Hause zubereitet und mit ins Hotel gebracht. Ihr seid euch so was von einig gewesen – mit solchen Gerichten muss ein Kochbuch entstehen. Ich danke euch nicht nur für den Impuls, sondern auch für die gesamte Koordination, den Support und dir, liebe Antonia, natürlich vor allen Dingen für deine Texte, die es immer schaffen, das, was ich zu vermitteln versuche, in Schriftform zu bringen.

Bärbel Ring. Last, but not least, kommt die Frau, mit der ich gemeinsam seit 14 (!) Jahren im Söl'ring Hof arbeiten darf. Partner in Crime, Sommelière, Restaurantleitung, Teamplayer, Leader, Kreativgeist und so vieles mehr. Der Arbeitstitel JPs Kantine und dessen Inhalt ist wie so vieles in der Zusammenarbeit und im Austausch mit Bärbel entstanden. Dass daraus noch ein Kochbuch entstehen konnte, war damals noch nicht abzusehen. Danke dir für alles!

IMPRESSUM

Hinweis: Die Ratschläge/Informationen in diesem Buch sind von Autor und Autorin und Verlag sorgfältig erwogen und geprüft, dennoch kann eine Garantie nicht übernommen werden. Eine Haftung des Autors und der Autorin beziehungsweise des Verlags und seiner Beauftragten für Personen-, Sach- und Vermögensschäden ist ausgeschlossen.

Herzlichen Dank an Familie Sperr, die für die Fotoproduktion ihr Ferienhaus Senhoog zur Verfügung gestellt hat.

Projektleitung: Dr. Harald Kämmerer
Koordination und Vermittlung: The Chefs' Stories GmbH, Hamburg
Textredaktion: Antonia Wien und Susanne Schneider
Sämtliche Fotos: Ydo Sol (www.ydosol.com)
Umschlaggestaltung, Innenlayout, Satz: OH, JA! (www.oh-ja.com)
Herstellung: Elke Cramer
Reproduktion: Regg Media GmbH, München
Druck & Bindung: aprinta druck GmbH, Wemding

Printed in Germany
Penguin Random House Verlagsgruppe FSC® N001967

ISBN 978-3-517-10098-2